# DROIT AU TRAVAIL ET HANDICAP

*L'obligation d'emploi entre mythe et réalité*

## Technologie de l'action sociale

*Collection dirigée par Jean-Marc DUTRENIT*

Les pays francophones, européens notamment, sont très dépourvus d'outils scientifiques et techniques dans l'intervention sociale. Il importe de combler ce retard. "Technologie de l'Action Sociale" met à la disposition des organismes, des praticiens, des étudiants, des professeurs et des gestionnaires les ouvertures et les réalisations les plus récentes.

Dans cette perspective, la collection présente divers aspects des questions sociales du moment, rassemble des informations précises, garanties par une démarche scientifique de référence, permettant au lecteur d'opérationnaliser sa pratique. Chaque volume présente des méthodes et techniques immédiatement applicables. Au delà, la collection demeure ouverte à des ouvrages moins techniques, mais rendant compte d'expériences originales, pouvant servir de modèle d'inspiration.

Méthodes de diagnostic social, individuel ou collectif, modalités efficaces de l'accompagnement social, de la rééducation et de l'insertion, techniques d'analyse et de prévision dans le domaine de l'Action sociale, modèles d'évaluation et d'organisation des services et établissements du secteur sanitaire et social, en milieu ouvert ou fermé sont les principaux centres d'intérêt de cette collection. Améliorer l'expertise sociale pour faciliter l'intégration des handicapés de tous ordres à la vie quotidienne, tel est en résumé l'objectif visé.

VERGNE M.-L., *Le travail social au cœur des paradoxes* 2002.
JOING, *Ethique et qualité en action sociale,* 2002.
GRANVAL D., *Adolescents difficiles, établissements et aide sociale…Comment améliorer ?* 2002.
GAYDA M. (ed), *L'enfant polyhandicapé et son milieu,* 2002.
DUTRENIT J.M., *Action sociale et qualité sociale*, 2002.

**Logiciel**

*Accompagnement Plus*, **logiciel de diagnostic et de développement de la compétence .**

Alban Alexandre COULIBALY

# DROIT AU TRAVAIL ET HANDICAP

## *L'obligation d'emploi entre mythe et réalité*

Préface du docteur Michel Fardeau

L'Harmattan
5-7, rue de l'École-Polytechnique
75005 Paris
FRANCE

L'Harmattan Hongrie
Hargita u. 3
1026 Budapest
HONGRIE

L'Harmattan Italia
Via Bava, 37
10214 Torino
ITALIE

**Alban Alexandre COULIBALY** est docteur en droit de l'université de Poitiers et titulaire du certificat d'aptitude à la profession d'avocat.
Il est l'auteur de deux ouvrages, l'un sur les Finances publiques de la Côte d'Ivoire - *Introduction au droit budgétaire et financier ivoirien* -, paru en 2000, et l'autre sur le système politique ivoirien, *De la colonie à la deuxième république*, paru en 2002 chez le même éditeur, l'Harmattan, Paris.
Et les articles suivants : « Aperçu sur le Conseil constitutionnel ivoirien », 1998 ; « De la zone Franc à la monnaie unique européenne », 1998 ; « La rénovation de la justice en Afrique : le rôle du juge dans la construction de l'État de droit », 1999 ; « Les articles 41 et 50 de la Constitution ivoirienne de 2000 : obstacles à l'alternance démocratique », janvier 2003, chez le même éditeur, Revue juridique et politique, *Indépendance et Coopération*, EDIENA, Paris ; « Les sept pêchés capitaux de la Côte d'Ivoire », Revue géopolitique africaine, n° 9, janvier 2003, Paris.


ISBN : 2-7475-5660-3
EAN : 9782747556606

# AVANT-PROPOS

Cette réflexion fait suite à une enquête réalisée dans le cadre de notre mission professionnelle, dont le but visait à mettre en lumière les difficultés d'insertion socioprofessionnelle des personnes atteintes d'un handicap moteur.

Les conclusions de cette enquête qui, il faut le préciser, portait sur un échantillon de 450 personnes atteintes d'un handicap moteur pour l'essentiel, avec un retour de 350 réponses dont 285 exploitables, mettaient en exergue les constatations suivantes :

80% des personnes handicapées interrogées à la recherche d'un emploi estimaient que les employeurs se sont montrés réticents à les embaucher, en raison de leur handicap ; ceux qui exercent une activité professionnelle, soit 10% de l'échantillon indiquaient que les employeurs ont manifesté une hésitation lors de leur recrutement. Par ailleurs, 40% estiment qu'elles n'ont pas accepté les offres de travail qui leur étaient proposées, en raison de l'inaccessibilité des lieux de travail, en relation avec les moyens de transport inadaptés, voire inexistants. Dans le même ordre d'idées, 30% s'estimaient surqualifiés par rapport aux tâches qui leur étaient confiées ; 65% craignaient de perdre leur emploi compte tenu de leur handicap ; 80% de ceux qui avaient une activité professionnelle estimaient qu'ils n'avaient pas les mêmes chances de promotion que leurs collègues valides et qu'ils gagnaient, en termes de salaire, moins que ceux-ci.

Certes, il convient de relativiser ces chiffres dans leur brutalité, mais ils ont le mérite de mettre en relief la problématique de l'insertion des personnes frappées d'une déficience.

Par conséquent, cet ouvrage se veut une action à la fois critique et constructive pour une meilleure compréhension et une application rigoureuse du dispositif d'insertion socioprofessionnelle en faveur des personnes handicapées, avec l'espoir qu'il ouvrira des perspectives encore plus favorables pour l'intégration sociale des personnes handicapées.

Le caractère confidentiel de l'enquête évoquée nous empêche-t-il de donner des résultats globaux et anonymes pour que le lecteur ne reste pas sur sa faim ? En tout état de cause, nous tenons à remercier de près ou de loin tous ceux qui ont aidé à la réalisation de ce travail, en particulier Philippe AUBRUN et Roselyne RAUNIER, pour le dépouillement et l'exploitation de l'enquête, ainsi que de tous les membres de l'équipe de la délégation de l'Association des Paralysés de France, pour leur soutien actif.
Mes sincères remerciements à messieurs Joseph FRICOT, Jean-Pierre SIMON, directeur de l'Atelier protégé de Tours et Michel LUCAS, ancien directeur de l'IGAS, pour leurs judicieux conseils, ainsi qu'à monsieur le Professeur Michel FARDEAU, pour la préface. Qu'ils trouvent tous ici, l'expression de ma profonde gratitude.

# PRÉFACE

Chacun sait la difficulté de trouver un emploi pour une personne handicapée. La monographie d'Alban Alexandre COULIBALY s'ouvre sur quelques chiffres édifiants : 24% des travailleurs reconnus comme handicapés sont au chômage. 80% des personnes handicapées en recherche d'emploi estiment que les employeurs se sont montrés réticents à les embaucher ; 40% n'ont pu accepter les offres qui leur étaient faites en raison de l'inaccessibilité de leurs lieux de travail.

Pourtant, on ne peut dire que notre pays se soit désintéressé de ce problème majeur : création d'emplois réservés au lendemain de la première Guerre Mondiale, d'une obligation d'emploi par la loi de 1957, reprise dans la grande loi d'orientation de 1975, et nous vivons aujourd'hui sous le régime de la loi de 1987, qui introduisait pour la première fois une obligation de résultat et mettait en place tout un système d'acquittement de cette obligation centré sur un Fonds d'Insertion des personnes handicapées, géré de façon paritaire par une association nouvelle, l'AGEFIHP. Les résultats de cette politique, fondée sur un quota d'emploi de 6% dans le secteur de l'entreprise comme dans le secteur public, sont certes intéressants, mais considérés comme très au-dessous des espoirs formulés.

Le mérite D'Alban COULIBALY est d'avoir disséqué les mécanismes qui sous-tendent cette insuffisance des résultats actuels. Des mécanismes généraux, tenant à la condition générale des jeunes handicapés dans notre pays, comme le défaut d'accessibilité de trop nombreux lieux publics ou entreprises : il suffit d'une marche mal placée, d'un moyen de transport inadapté pour rompre la chaîne de cette accessibilité. Une complexité administrative décourageante : des Commissions d'orientation, les COTOREP aux moyens dérisoires, aux avis divergents d'une Commission à l'autre, une absence trop fréquente de participation des personnes handicapées aux décisions prises pour elles-mêmes, etc. ...

L'un des intérêts de cette monographie est de s'être intéressé à l'insuffisance de résultats dans le secteur public, secteur assujetti à la Loi, mais inaccessible aux sanctions financières lorsque n'est pas remplie – elle n'est pratiquement jamais remplie – l'obligation d'emploi. Des efforts ont été faits tout récemment, sous l'impulsion de Michel Sapin et de Ségolène Royal, pour faciliter des embauches par voie conventionnelle et augmenter les fonds destinés à l'insertion, mais ces efforts sont trop limités pour en attendre des résultats réellement significatifs.
Alban COULIBALY est également revenu longuement sur la très grande faiblesse numérique des passages du secteur de l'emploi protégé vers le milieu ordinaire, sur les filières qui unissent les instituts de formation aux CAT (les centre d'aide par le travail), et sur le statut très particulier des personnes handicapées travaillant dans les CAT.

Il faut certes se défendre de toute attitude extrême dans les critiques que l'on peut faire au système actuel. Le système des quotas, même si le taux est fixé de façon assez arbitraire, reste une référence utile aujourd'hui ; le secteur protégé rend des services essentiels dans notre pays, et il faut admirer le mérite, sinon l'héroïsme, de ceux qui dirigent les CAT et les ateliers protégés, lorsque l'on mesure la complexité des contraintes administratives et l'hétérogénéité des sources de financement.

Mais on voit bien, à travers une telle analyse, qu'il faudra avoir le courage de reprendre l'ensemble du problème sur de nouvelles bases, s'inspirant de certains exemples européens ou nord-américains, et en tenant le plus grand compte des recommandations venant des commissions européennes. La tâche est certes immense, et ne peut se faire que de façon très progressive de manière à ne pas nuire aux personnes handicapées par un déséquilibre brutal de leur situation. Les grandes entreprises qui se sont investies de façon particulière dans ce problème devraient aller au devant de ce mouvement nécessaire. Cette année 2003 n'est-elle pas l'année européenne des personnes handicapées ?

*Docteur Michel FARDEAU*
*Professeur au CNAM*
*Directeur Médical et scientifique*
*Institut de Myologie, AFM*

# INTRODUCTION

L'intégration socioprofessionnelle des personnes handicapées[1] atteintes d'une déficience mentale, visuelle, sensorielle, ou motrice constitue une préoccupation pour toute société en quête d'équilibre et d'harmonie en faveur des personnes discriminées, du fait de leur handicap. Il s'agit là d'un élément essentiel, dans la volonté de ne pas les exclure du champ social.

Avant d'aller plus loin dans la démarche, un bref rappel historique sur la prise en compte de l'emploi en faveur des personnes déficientes, s'impose. En effet, pour les personnes atteintes d'une déficience, la législation antérieure à la décennie 70, le droit à l'emploi au moyen d'une discrimination positive, était essentiellement un droit à réparation, lié au préjudice subi par les jeunes soldats au cours du conflit mondial (1914-1918). A cet égard, on peut citer la loi du 30 juin 1923, qui accordait une priorité d'emplois dans le secteur public, en réalité appelés emplois réservés aux infirmes de guerre ; cette mesure a ensuite été étendue au secteur privé, c'est-à-dire aux entreprises privées employant plus de dix salariés, par la loi du 26 avril 1924. Chemin faisant, il faudra attendre les années 50 pour voir poindre une meilleure perception du handicap par la société. Mais c'est à partir des années 70, que le constat sur la situation déplorable des personnes en situation de handicap allait conduire les pouvoirs publics à prendre la réelle conscience de leurs difficultés d'insertion sociale et, à s'intéresser véritablement à leur sort.

Si, généralement, on s'accorde à dire que la société se doit d'offrir à toute personne handicapée un maximum de choix au niveau de son mode de vie, la réalité est tout autre au-delà des pétitions de principe, quant à leurs conditions de vie réelle, nonobstant les efforts accomplis jusque-là en leur faveur. Cependant, pour conjurer le sort peu enviable des personnes handicapées, la

---

[1] Le handicap, ayant une signification très large, a des incidences sur l'orientation professionnelle de la personne qui en est atteinte.

première action, visant à améliorer les problèmes quotidiens rencontrés par ces personnes, a été la loi d'orientation du 30 juin 1975, qui est sans doute la première étape décisive dans l'histoire de la protection des personnes frappées d'une déficience en France[2]. Cette loi constitue une authentique charte des droits des personnes handicapées au regard de l'éducation, du travail et de l'autonomie sociale.

Mais avant toute chose, un état des lieux s'impose. En effet, il ressort de statistiques datant de 1999, qu'un travailleur handicapé actif sur quatre (24%), soit 171.000 personnes sur un total de 718 000, était au chômage[3]. Le rapport met en avant une population très exposée au chômage car cumulant handicap et un faible niveau de qualification. Par ailleurs, le taux de chômage augmente avec le nombre de déficiences.

Les notions de handicap et de déficience sont larges et complexes. En outre, le diagnostic n'aboutit pas toujours à prononcer une incapacité totale dans la mesure où le handicap peut être évolutif. Dès lors, cela emporte des interprétations médicales sujettes elles aussi à des évolutions, quant à l'orientation socioprofessionnelle, ainsi qu'au maintien à son poste de la personne atteinte du handicap, ce qui complique évidemment la tâche des techniciens de l'intégration[4]. Or, dans bien des situations, il semble que l'acceptation du handicap pose d'énormes difficultés dans une société où *l'eugénisme* paraît gagner du terrain. Ainsi, par exemple, dans le cadre de la revendication visant à une meilleure prise en charge du handicap, l'arrêt Perruche[5] a donné lieu à un

---

2 Cette loi instaure entre autres, les prestations suivantes : l'allocation adulte handicapé (AHH), l'allocation compensatrice pour tierce personne (ACTP) et l'allocation d'éducation spéciale (AES).

3 Cf. DARES (Direction de l'animation de la recherche, des études et des statistiques) du Ministère de l'emploi et de la solidarité, dans ses premières synthèses, n° 44, novembre 2001.

4 De ce point de vue, le rôle de la COTOREP et de la médecine du travail est capital dans la perspective d'une orientation efficiente du travailleur handicapé. Cf. infra, chapitre II.

5 Cour de cassation, 17 novembre 2000, sur l'indemnisation d'un enfant handicapé à la suite d'une erreur médicale diagnostiquée sur la mère.

débat juridique et éthique intéressant, sur la nécessité ou non d'une prise en charge plus affirmée du handicap par la solidarité nationale, à défaut d'une juridiciarisation en vue d'obtenir une indemnisation liée au préjudice dû au handicap[6].

Cette notion de prise en charge par la solidarité nationale est insuffisante au regard du droit à la compensation du handicap, et en tout état de cause, n'emporte pas la conviction, eu égard au caractère exclusif de la formule employée à l'article premier de la loi du 4 mars 2002, qui dispose que : « *Nul ne peut se prévaloir d'un préjudice du seul fait de sa naissance* ». Par ailleurs, contrairement à la jurisprudence traditionnelle des tribunaux des ordres judiciaire et administratif, qui a toujours reconnu la réparation du préjudice[7] des parents pour l'entretien et l'éducation de l'enfant handicapé tout au long de sa vie, la loi du 4 mars précitée dispose, quant à elle, que ce préjudice ne saurait inclure les charges particulières découlant tout au long de la vie de l'enfant du fait du handicap.

Désormais, selon la généralité de la loi, la compensation du handicap relève de la solidarité nationale d'autant plus que l'enfant handicapé ne pourra plus être indemnisé que si une faute médicale a provoqué directement le handicap, l'a aggravé ou n'a pas permis de prendre les mesures susceptibles de l'atténuer. Au demeurant, on ne sait pas d'ailleurs ce que recouvre cette notion de solidarité nationale quand on connaît l'insuffisance de la prise en charge actuelle, par les pouvoirs publics, du handicap, on ne peut être que dubitatif devant cette formulation de la loi qui, à bien des égards, laisse planer une incertitude en termes d'interprétation.

C'est une constante du droit social de ne pas définir certains concepts pour laisser à la jurisprudence le soin de tenir compte des évolutions (cf. accident de travail, dépendance etc.). Cette situation entraîne des conséquences dommageables pour une meilleure interprétation du droit des personnes handicapées. Certes, cette

---

6 La réforme de loi de 1975 doit pouvoir éclairer le débat sur le droit à la compensation du handicap.

7 Dès lors qu'il y avait un lien de causalité entre la survenance du préjudice et la faute.

absence de définition *stricto sensu* du handicap peut avoir des avantages en termes d'élargissement. Mais elle contient des inconvénients, tels que les risques de cloisonnement, n'ouvrant pas de passerelles en vue de permettre des solutions favorables aux personnes qui sont touchées par une déficience. Toutefois, il existe un minimum de règles juridiques qui permettent d'appréhender les problèmes soulevés par le handicap notamment, dans le monde du travail ordinaire.

Sans prétendre à l'exhaustivité, notre propos se limitera à la question de la problématique de l'intégration socioprofessionnelle des personnes handicapées, à travers la loi du 10 juillet 1987 sur *l'obligation d'emploi*. A ce titre, on partira du postulat selon lequel toute intégration sociale n'a de chance réelle d'aboutir que si l'ensemble de la population porte au préalable un regard non ségrégatif sur les personnes atteintes d'une déficience, en raison des représentations sociales véhiculées par le handicap dans l'imaginaire individuel, voire collectif. C'est de cette perception positive que pourrait naître une dynamique favorable à leur appartenance à la communauté en tant que citoyens à part en entière.

L'autonomie des personnes handicapées, au même titre que celle des personnes valides, est un instrument de mesure dans la prise en compte de leur degré d'intégration sociale. Mais, en dépit des bonnes intentions induites par la loi du 10 juillet 1987, des zones d'ombre demeurent, s'agissant d'une part, et dans une moindre mesure, de l'implication des personnes handicapées elles-mêmes dans la recherche d'emploi ; d'autre part, surgissent des problèmes d'accessibilité des lieux de travail, d'adaptation des postes, sans doute liés au peu d'implication de nombre d'entreprises dans la captation et la mise en œuvre de *l'obligation d'emploi*, voire même de l'orientation professionnelle *ab initio* par la COTOREP. Par conséquent, tous ces obstacles limitent en réalité la portée de cette *obligation d'emploi* qui, par ailleurs, au lieu de s'analyser en une véritable obligation de résultat, a pris la forme d'une « obligation de moyens », eu égard aux nombreuses exonérations partielles ouvertes par la loi elle-même, afin de donner plus de souplesse au dispositif d'insertion professionnelle des personnes handicapées.

La pratique des entreprises assujetties en la matière n'a fait que traduire, dans une large mesure, une adaptation à la législation afférente, conduisant ainsi à limiter la portée effective de la loi sur *l'obligation d'emploi*.
La discrimination positive que traduit *l'obligation d'emploi*, ayant un caractère national et, au surplus, étant dotée d'un caractère coercitif en termes de résultat, ne sera probante que si elle s'appuie sur une ferme volonté d'aboutir aux objectifs assignés par la loi au-delà des effets d'annonce. Car il ne faut pas oublier que la loi, dans ses buts, vise précisément à substituer à des obligations de procédures une obligation de résultat et à introduire l'emploi des personnes handicapées dans le domaine contractuel, en étendant cette obligation aussi bien au secteur privé qu'au secteur public. Ce faisant, l'affirmation d'une *obligation d'emploi*[8] (Première partie) ayant un caractère national aussi souhaitable soit-il, risque de buter sur la réalité économique que suggère la culture d'entreprise très peu favorable à la présence de personnes atteintes de déficience en son sein. Or, les mécanismes institutionnels et juridico-administratifs qui président à l'intégration des personnes souffrant d'un handicap ou d'une déficience, malgré la bonne volonté des intervenants sociaux, ne sont pas exempts de toute critique. Ce qui, au demeurant, explique, en dépit des résultats contrastés obtenus, les difficultés de la mise en œuvre optimale de *l'obligation d'emploi*, tant au niveau du secteur public qu'à celui du secteur privé notamment, au regard de l'esprit et de la lettre de la loi du 10 juillet 1987 (Deuxième partie).
Mais au-delà de ces constats, on mettra en exergue les nouvelles avancées du point de vue des organismes et institutions, chargés de la mise en œuvre de *l'obligation d'emploi*. Par ailleurs, en guise de conclusion, on fera valoir des propositions visant à conférer plus d'efficience au dispositif, dans la perspective d'une amélioration très significative de l'intégration socioprofessionnelle des personnes handicapées.

---

[8] Il s'agit de la loi du 10 juillet 1987.

## *PRINCIPALES ABRÉVIATIONS :*

**AAH : Allocation Adulte Handicapé**
**ACFPS : Allocation de Compensation pour Frais Professionnels Supplémentaires**
**ACTP : Allocation Compensatrice pour Tierce Personne**
**AES : Allocation d'Education Spéciale**
**AFPA : Agence pour la Formation Professionnelle des Adultes**
**AGEFIPH : Association de Gestion du Fonds pour l'Insertion Professionnelle des Personnes Handicapées**
**ANACT : Agence Nationale pour l'Amélioration des Conditions de Travail**
**ANPE : Agence Nationale Pour l'Emploi**
**AP : Atelier Protégé**
**APF : Association des Paralysés de France**
**CAT : Centre d'Aide par le Travail**
**COTOREP : Commission Technique d'Orientation et de Reclassement Professionnel**
**CDES : Commission Départementale d'Education Spéciale**
**CNCPH : Conseil National Consultatif des Personnes Handicapées**
**CNIL : Commission Nationale Informatique et Liberté**
**DGEPF : Direction Générale à l'Emploi et à la Formation Professionnelle**
**EPSR : Equipe de Préparation et de Suite du Reclassement**
**GIC : Grand Invalide Civil**

| | | |
|---|---|---|
| **GRTH** | **:** | **Garantie de Ressources des Travailleurs Handicapés** |
| **IGAS** | **:** | **Inspection Générale des Affaires Sociales** |
| **OIP** | **:** | **Organisme d'Insertion et de Placement** |
| **SPA** | **:** | **Service Public Administratif** |
| **SPIC** | **:** | **Service Public Industriel et Commercial** |

Article L. 323.10 du code du travail :
*« Est considéré comme travailleur handicapé au sens de la loi, toute personne dont les possibilités d'obtenir ou de conserver un emploi sont effectivement réduites par suite d'une insuffisance ou d'une diminution de ses capacités physiques ou mentales »* .

# PREMIERE PARTIE :

## L'AFFIRMATION D'UNE POLITIQUE NATIONALE D'INTÉGRATION SOCIOPROFESSIONNELLE DES PERSONNES HANDICAPÉES : *L'OBLIGATION D'EMPLOI*

Il est incontestable que l'insertion socioprofessionnelle des personnes handicapées ou déficientes passe par leur acceptation par la société en tant que telles. Or, l'histoire du handicap est frappée du sceau de l'exclusion. D'autant plus qu'en dépit d'une évolution progressive en France, depuis la seconde moitié du XXème siècle, l'intolérance du corps social vis-à-vis des personnes atteintes d'un handicap demeure entière.
C'est pour conjurer ce « déni d'humanité » en affirmant leurs droits, leur responsabilité et leur pleine citoyenneté en tant qu'être humain à part entière que le législateur s'est penché sur la question, afin d'apporter une solution favorable à leur insertion notamment, dans le monde du travail ordinaire.
Pour faire face à cette situation d'exclusion, le législateur a procédé à ce que l'on appelle une *discrimination positive*[9] en vue de permettre aux personnes frappées d'une déficience la possibilité d'obtenir un emploi. C'est pourquoi, dans un premier temps, on exposera les fondements réglementaires de cette politique volontariste d'insertion socioprofessionnelle à travers le dispositif de *l'obligation d'emploi* (Chapitre I) avant de voir dans une seconde approche, les missions des instances encadrant cette politique (Chapitre II).

---

9 La loi du 30 juin 1975 en faveur des personnes handicapées s'inscrit dans cette volonté d'insérer globalement et au mieux les personnes handicapées dans la société. Cette loi fait d'ailleurs l'objet d'une rénovation, en raison des difficultés qu'elle soulève dans le processus effectif d'insertion des personnes handicapées. Cf. *le Rapport Vincent ASSANTE*, remis le 8 avril 2002 au ministre en charge des personnes handicapées.

# CHAPITRE I :
## LES FONDEMENTS LÉGAUX ET RÉGLEMENTAIRES DE L'OBLIGATION D'EMPLOI

La loi en faveur de l'intégration socioprofessionnelle des personnes handicapées adoptée par le Parlement en juillet 1987, mérite d'être exposée, afin d'en saisir la portée. A cet égard, il n'est pas fortuit de poser les bases juridiques de *l'obligation d'emploi* à travers le cadre légal et réglementaire dans lequel elle se déploie (Section I), après quoi, on aura le loisir de mettre en relief les conditions d'accès aux emplois (Section II), étant entendu que ces modalités varient, selon que l'on soit dans le secteur public ou privé.

## SECTION I :
### LE CADRE LÉGAL ET RÉGLEMENTAIRE

La normalisation de l'intégration socioprofessionnelle des personnes handicapées, ou déficientes répond à une volonté ferme de leur assurer une meilleure insertion sociale, qui soit conforme à leur choix de vie, dès lors que cela leur confère une autonomie en vue d'assumer leur existence. Par conséquent, la loi pose un certain nombre de principes qu'il nous faut mettre en exergue (A). Or, comme tout bon principe, il existe des alternatives, ou des modalités compensatoires (B) qui, parfois peuvent nuire à l'efficacité de l'effet recherché, comme on aura l'opportunité de le montrer dans les développements ultérieurs. C'est précisément pour lutter contre ces dérives possibles que le législateur a adopté toute une batterie de « sanctions » proportionnelles quant au non-respect de *l'obligation d'emploi* (C), dont les vertus dissuasives nous semblent limitées, au regard des objectifs poursuivis par la loi, et des résultats obtenus, depuis la mise en œuvre du dispositif.

### *A)* **Les *principes issus de la loi***

La philosophie de la loi repose sur une conception contingente, puisqu'elle s'appuie sur des effets de seuil pour imposer *l'obligation d'emploi*. Il s'agit d'une part, d'un quota d'emplois effectifs induisant une obligation de résultat, et d'autre part, du champ d'application de la loi qui tient compte là encore de seuil et de notion d'établissement, en ce qui concerne les entreprises assujetties du secteur public[10] ou privé à cette obligation.

S'agissant du quota d'emplois effectifs, face à la discrimination à l'embauche, dont sont victimes le plus souvent les personnes handicapées ou déficientes, le législateur a, il faut le dire, sur la pression des associations et des familles des personnes handicapées, corrigé cette inégalité par le biais d'une autre discrimination, mais celle-là dite positive en vue d'améliorer l'intégration socioprofessionnelle des personnes souffrant d'une déficience. D'autant plus qu'elle impose aux établissements, au-delà d'un certain seuil, l'obligation d'embaucher des personnes handicapées.

Ainsi, la loi fait obligation à tout employeur occupant au moins 20 salariés d'employer à temps plein ou partiel, les bénéficiaires de la loi à concurrence de 6% de l'effectif total de l'entreprise. Ne doivent pas être soustraits de l'effectif pour l'appréciation du seuil d'assujettissement, les emplois qui relèvent des catégories exigeant des conditions d'aptitude particulières[11]. Cela a pour conséquence d'obliger les entreprises à déposer une déclaration annuelle quand bien même l'effectif se trouverait réduit à moins de 20 salariés une fois ces emplois soustraits, pour apprécier l'assiette du quota de travailleurs handicapés, l'entreprise n'étant plus alors soumise à *l'obligation d'emploi*.

S'agissant de la notion d'établissement, que recouvre-t-elle ? Selon la circulaire du 23 mars 1988, il convient de retenir la définition

---

10 Y compris les fonctionnaires (Etat, territoriale et hospitalière) ainsi que leurs établissements publics. Cf. infra, section II.

11 La circulaire précise que lorsque le total des différents calculs se traduit par une fraction de personne, il convient d'arrondir au nombre inférieur.

donnée par l'INSEE, à savoir : « *une unité productrice sise en un lieu topographiquement distinct et dans laquelle une ou plusieurs personnes travaillent pour le compte d'une même entreprise* ». Etant entendu que le législateur, selon la circulaire, a voulu « soustraire du champ d'application de loi, les structures décentralisées à faible nombre de salariés ».
Le caractère incitatif de la loi se retrouve également dans le fait que les entreprises à établissements multiples, ne sauraient déroger à cette obligation, puisque le dispositif s'applique établissement par établissement dès lors que l'effectif de 20 salariés est atteint au sein de chaque établissement.
Cependant, la loi par sa souplesse permet aux entreprises qui entrent dans le champ d'application, soit au moment de leur création, soit en raison de l'accroissement de leur effectif un délai ne devant pas excéder plus de 3 ans pour se mettre en conformité avec *l'obligation d'emploi*[12].
Les Etablissements à caractère industriel et commercial qui appartiennent au secteur public (service public) sont au nombre des employeurs soumis à *l'obligation d'emploi*[13]. Il faut rappeler que l'essentiel des personnels de ces SPIC sont soumis à un contrat de droit commun avec la compétence du juge judiciaire en cas de litige.
L'intérêt de la loi est comme on l'a déjà souligné, vise à substituer à des obligations de procédures une obligation de résultat en étendant l'obligation à l'ensemble du monde du travail, y compris le secteur public. Par conséquent, toutes les administrations lorsqu'elles occupent au moins vingt (20) agents à temps plein ou à temps partiel dans la fonction publique, les établissements publics administratifs, autres que les SPIC, les collectivités territoriales et leurs établissements autres que les SPIC, ainsi que la fonction publique hospitalière sont assujettis à *l'obligation d'emploi*, selon

---

12 Ce délai est fixé par décret.

13 Les SPA, c'est-à-dire les services publics administratifs, comme les SPIC (services publics industriels et commerciaux) sont également soumis à l'obligation d'emploi. Mais à leur égard, seul le juge administratif est compétent en cas de litige.

des modalités fixées par décret pris en Conseil d'Etat[14].
Enfin, s'agissant des bénéficiaires[15], la loi énumère les catégories de personnes pouvant y accéder. Ainsi, on compte parmi les bénéficiaires, les personnes reconnues par la COTOREP ; les victimes d'accident du travail ou de maladies professionnelles, ayant entraîné une incapacité permanente égale au moins à 10%, et titulaire d'une rente attribuée à titre du régime général de la sécurité sociale, ou de tout autre régime de protection sociale obligatoire ; les titulaires d'une pension d'invalidité, les anciens militaires et assimilés ; les veuves de guerre non remariées bénéficiant d'une pension à ce titre ; les orphelins de guerre et les femmes d'invalides internés pour aliénation imputable à un service de guerre.
On reviendra plus spécifiquement sur les conditions d'accès aux emplois publics dans la fonction publique dans les développements ultérieurs. Cependant, le législateur pour donner un contenu « pragmatique » à la loi, en termes d'assouplissement, a opéré des alternatives sous forme de compensation, supposées favoriser une application efficace de la loi.

### *B) Les exonérations partielles à* **l'obligation d'emploi**

Le dispositif visant à l'intégration la mieux réussie possible des personnes handicapées en milieu de travail doit pour donner sa pleine mesure, connaître des aménagements afin de ne pas dissuader les entreprises à procéder aux embauches liées à *l'obligation d'emploi*. Dans tous les cas, c'est l'idée que se faisait le législateur au moment de l'adoption de loi en vue de faciliter l'exécution de leur obligation. Par conséquent, il importe d'énumérer les alternatives prévues par la loi.
1°) Les entreprises assujetties peuvent s'acquitter de leur

---

[14] Les dispositions de l'article L. 323-3, L. 323-5 et L. 323-8 du code du travail leur sont applicables.
[15] Pour plus de précisions sur les catégories de bénéficiaires éligibles à l'obligation d'emploi, cf. la loi du 10 juillet 1987.

obligation en employant des personnes handicapées dans la proportion prévue par la loi en considération de critères posés par la loi.

Ainsi, une personne peut compter pour plusieurs unités en fonction de :

- son âge ;
- son handicap ;
- sa formation ;
- son statut antérieur.

2°) Les entreprises peuvent conclure des accords de branche, d'entreprise ou d'établissement relatifs à l'emploi des travailleurs handicapés. Cependant, ces accords doivent être agréés par l'administration. Ils doivent s'appuyer sur un programme pluriannuel d'actions au bénéfice des personnes handicapées. Ce programme peut prendre la forme d'un plan d'embauche, d'un plan d'insertion et de formation, d'un plan d'adaptation aux mutations technologiques ou encore de plan de maintien dans l'entreprise.

3°) En concluant des contrats de sous-traitance, de fournitures ou de prestations de service avec des établissements de travail protégé tels les ateliers protégés, les centres de distribution de travail à domicile ou des centres d'aide par le travail. Ces conventions exonèrent l'entreprise assujettie de son obligation que dans la limite de 50%.

4°) Enfin, les entreprises peuvent acquitter leur obligation auprès de l'AGEFIPH[16] en versant une contribution[17].

Le montant annuel de la contribution des entreprises est variable en fonction d'unité bénéficiaire manquante à :

- 300 fois le SMIC horaire pour une entreprise ayant de 20 à 199 salariés ;
- 400 fois le SMIC horaire pour une entreprise ayant de 200 à 749 salariés ;

---

16 L'association nationale de gestion du fonds pour l'insertion professionnelle des personnes handicapées créée le 13 septembre 1988.

17 Cette disposition ne s'applique pas à la fonction publique, à l'exception des SPIC cf. infra, section II.

- 500 fois le SMIC horaire pour une entreprise ayant plus de 750 salariés et plus.

En tout état de cause, les entreprises qui entrent dans le champ d'application de la loi du 10 juillet 1987, doivent faire l'objet d'un contrôle annuel.

## *C) Les éléments du contrôle de* **l'obligation d'emploi**

La loi fait obligation aux entreprises assujetties à *l'obligation d'emploi* de faire une déclaration de conformité annuelle à l'autorité administrative. Cette déclaration doit faire état de l'effectif réel de l'entreprise. C'est à partir de çet élément chiffré que le pourcentage prévu par la loi sera vérifié, c'est-à-dire les 6% de l'effectif global réel. De surcroît, elles doivent justifier de l'application éventuelle des articles L. 323-8, L. 323-8-1 et L. 323-8-2 du code du travail.

Les entreprises qui n'effectuent pas cette déclaration sont considérées comme n'ayant pas satisfait à leur obligation. Par conséquent, lorsqu'elles ne remplissent aucune des obligations consignées aux articles L. 323.1, L. 323-8, L. 323-8-1 et L. 323-8-2, les employeurs visés à l'article L. 323.1 sont astreints à titre de pénalité au versement au Trésor public d'une somme dont le montant est égal à celui de la contribution instituée par l'article L. 323-8-2, majoré de 25%, et qui fait l'objet d'un titre de perception émis par l'autorité administrative. Il faut espérer que la nouvelle application de l'informatique au contrôle de *l'obligation d'emploi* permettra une meilleure gestion des déclarations d'emploi des travailleurs handicapés. En effet, avec la mise en place de la nouvelle norme dénommée, *suivi obligation d'emploi des travailleurs handicapés*[18](SOETH) devrait faciliter la mise en ouvre d'un contrôle plus coercitif de la loi du 10 juillet 1987.

Les associations qui défendent les intérêts collectifs des personnes

---

[18] Les règles de ce traitement informatique ont été fixées par arrêté en date du 30 mars 2000, publié au journal officiel du 6 avril 2000, après avis favorable de la Commission nationale informatique et liberté (CNIL).

handicapées bénéficiant du dispositif de la loi du 10 juillet 1987, peuvent se porter parties civiles dans une instance judiciaire fondée sur l'inobservation *des prescriptions qui causent un préjudice certain à l'intérêt collectif* qu'elles représentent.
Après avoir mis en avant les points saillants de la législation en ce qui concerne les principes généraux, il n'est pas fortuit de faire état des conditions d'accès au travail des personnes handicapées.

## SECTION II :
## LES MODALITÉS D'ACCÈS AU TRAVAIL DES PERSONNES HANDICAPÉES

Sans prétendre à l'exhaustivité, il importe de faire la distinction selon qu'il s'agit d'un emploi dans le secteur privé ou dans le secteur public. S'il est vrai que la loi fait obligation dans les deux cas de recourir à l'appréciation de la COTOREP (commission technique d'orientation et de reclassement) dans l'évaluation du handicap et de ses incidences sur l'orientation professionnelle, il n'en demeure pas moins vrai que l'application de la loi du 10 juillet 1987, et des textes subséquents, se présente différemment, selon le secteur concerné par le recrutement. D'où la nécessité d'exposer les conditions d'accès des personnes handicapées dans la fonction publique (A), avant de voir celles de droit commun, le secteur privé (B).

### *A) Les modalités d'accès aux emplois publics*

Le recrutement des personnes handicapées donne lieu dans un premier temps à la recevabilité de leur candidature, induisant la reconnaissance de leur qualité de travailleur handicapé par la COTOREP. Cette reconnaissance leur ouvre l'accès à la fonction publique par différentes modalités, ainsi que leur maintien en cas d'inaptitude à l'exercice de leurs fonctions liée à leur état de santé.

### *1°) La reconnaissance de la qualité de travailleur handicapé*

En toute hypothèse, la loi impose d'avoir l'agrément préalable de la COTOREP quel que soit le secteur concerné en ce qui concerne la reconnaissance de la qualité de travailleurs handicapés (*RQTH*). Ainsi, s'agissant des emplois dans le secteur public, la loi apporte une spécificité liée au statut de la fonction publique notamment, au regard du mode de recrutement des agents publics[19]. Il faut préciser que les handicapés présents au sein de la fonction publique sont, soit des handicapés recrutés en tant que tels, soit des fonctionnaires devenus handicapés après leur entrée dans la fonction publique.

Les personnes handicapées qui souhaitent introduire leur candidature en vue d'accéder à la fonction publique doivent d'une part, être reconnues travailleurs handicapés au sens de l'article L. 323-10 du code du travail et d'autre part, faire attester la compatibilité de leur handicap avec l'emploi pour lequel elles postulent. Avant l'adoption du protocole d'accord signé entre l'État et les syndicats les plus représentatifs, dans la fonction publique cette mission était confiée à la COTOREP siégeant en formation secteur public[20] ou en formation éducation nationale. La COTOREP en formation secteur public doit se réunir au moins deux fois par an pour statuer sur la recevabilité des dossiers de candidature. En ce qui concerne la COTOREP siégeant en formation éducation nationale[21], la candidature des personnes handicapées est examinée par la commission académique quand le taux d'incapacité permanente est inférieur à 80% et par la commission nationale, quand le taux d'incapacité est égal ou supérieur à 80%.

---

19 Les personnes handicapées qui désirent intégrer la fonction publique, doivent respecter les conditions fixées à l'article 5 du titre I du statut général de la fonction publique d'Etat et des collectivités territoriales (nationalité, de jouissance des droits civiques et d'aptitude physique à l'emploi).

20 Cf. article 27 de la loi n° 84-16 du 11 janvier 1984 ; de l'article 38 de la loi n°84-53 du 26 janvier 1984 et de l'article 27 de loi n° 86-33 du 9 janvier 1986.

21 Cf. le décret n° 98-543 du 30 juin 1998.

Cependant, il ressort des données concrètes de l'observation sur le terrain, que ces COTOREP spécialisées[22] n'ont pas rempli toutes les missions pour lesquelles elles avaient été créées notamment, l'amélioration de l'adéquation des candidatures avec la procédure des emplois réservés. Elles devaient constituer un lieu d'examen circonstancié, médical et professionnel en vue de favoriser une meilleure orientation des candidats. Or, force est de constater que cet objectif n'a pas été atteint, bien au contraire, les COTOREP spécialisées sont devenues des obstacles à la bonne administration de la problématique de l'insertion des personnes handicapées dans la fonction publique[23]. Un certain nombre de dysfonctionnements explique que les espoirs placés dans le dispositif n'aient donné toute leur mesure. Ainsi, l'hétérogénéité des décisions, l'irrégularité des réunions, l'absence chronique des administrateurs et leur méconnaissance du milieu ont obéré l'efficacité de ces COTOREP spécialisées.

C'est pour corriger ces difficultés sur le terrain que le protocole du 9 octobre 2001[24] prévoit la suppression de la COTOREP nationale et l'amélioration des COTOREP académiques, dans la mesure où celles-ci jouent un rôle intéressant en ce qui concerne l'examen de la compatibilité des handicaps, eu égard à la spécificité des métiers au sein de l'éducation nationale en relation étroite avec le public concerné notamment, les enfants et les jeunes adultes handicapés.

Comme tous les agents intégrant la fonction publique, les travailleurs reconnus handicapés, sont soumis à une visite médicale d'aptitude au cours de laquelle leur aptitude ne peut être contestée, en raison de leur handicap. Au surplus, ils bénéficient d'une dérogation en matière d'âge pour l'accès à la fonction publique, puisque le statut de la fonction ne leur est pas opposable en l'espèce[25].

Après avoir rempli les conditions préalables devant la COTOREP,

---

22 Il faut indiquer que ces COTOREP spécialisées ont été créées par la loi d'orientation du 30 juin 1975 en faveur des personnes handicapées.

23 Cf. Jean Michel LECOQ, *conférence DU*, 16 novembre 2001.

24 Cf. infra, chapitre II.

25 Cf. Alinéa 4 de l'article 27 de la loi n° 84-16 du 11 janvier 1984.

les personnes reconnues travailleurs handicapés disposent d'une pluralité de voies d'accès.

### 2°) *Les voies d'accès à la fonction publique*

Il existe trois principales voies d'accès à la fonction publique :
- le concours ;
- le contrat ;
- les emplois réservés.

Toutefois, il convient de préciser pour mémoire, s'agissant de ces derniers, que le protocole d'accord signé entre l'État et une majorité des syndicats proposait de supprimer le recrutement des travailleurs handicapés dans la fonction publique par la voie des emplois réservés, comme on le verra plus loin.

#### a) *L'accès par voie de concours*

Les statuts de la fonction publique, article 16 de la loi du 13 juillet 1983 dispose que : « *les fonctionnaires sont recrutés par concours, sauf dérogation prévue par la loi* ». Il s'agit là de la voie de droit commun qui inclut les travailleurs handicapés dès lors qu'ils remplissent les conditions préalables susmentionnées, s'agissant notamment de la *RQTH*. Par conséquent, les travailleurs nantis du « sésame » *RQTH* délivré par la COTOREP, peuvent sur demande expresse, et sur avis d'un médecin habilité par l'administration, bénéficier d'aménagement d'épreuves décidées par le jury de concours. Le rôle du médecin consulté à cet effet, est déterminant pour assouplir les modalités des épreuves du concours, dans la mesure où le certificat qu'il est amené à produire pour fixer le degré d'incapacité, a une incidence sur l'aménagement (installation, majoration de temps, assistance) dont le candidat handicapé pourra bénéficier. Par ailleurs, l'administration doit prendre toutes les dispositions en ce qui concerne l'accessibilité de la salle d'examen à partir du moment où elle est informée de la participation d'une personne handicapée à un concours.

*b) Le recrutement par voie conventionnelle : (le contrat)*

Il s'agit là d'une voie d'accès dérogatoire pour l'accès à la fonction publique. Elle répond à un souci de modernité. Cette procédure est plus souple parce que moins contraignante pour la personne handicapée. Ainsi, cette possibilité d'accès par voie contractuelle a été permise par la loi susvisée de 1987 notamment, dans ses articles (27 et 38). Cette modalité dérogatoire au droit commun du recrutement dans la fonction publique permet une titularisation ultérieure plus facile dans la mesure où le handicap est connu d'avance par le service, ce qui ne peut que favoriser l'insertion de la personne handicapée dans le milieu du travail d'autant plus que la personne ayant côtoyé les chefs de services et les collègues durant la période contractuelle, cela permettra d'anticiper l'adaptation nécessaire des conditions de travail.

Cette voie ouverte par loi de 1987 ne concernait dans un premier temps que les emplois de la catégorie C, a été ensuite étendue autres catégories (A et B) par la législation de 1995[26] complétée par un décret du 25 août 1995, dès lors qu'il y a vacance d'un poste budgétaire.

L'efficacité d'un tel dispositif dépend avant tout du volontarisme et du dynamisme des administrations publiques en faveur de l'emploi des personnes handicapées qui souhaitent s'insérer dans le milieu du travail. La mise en œuvre de la convention prend en compte le niveau des candidats en ce qui concerne les diplômes ou niveau d'études par le statut particulier du corps auquel ils sont susceptibles d'accéder. A défaut, l'appréciation du niveau d'aptitude préalable au recrutement s'effectue sur dossier au regard de la formation continue soit de l'expérience professionnelle du postulant pour les catégories A et B[27]. A ce titre, c'est une commission départementale[28] placée sous l'autorité du préfet, qui

---

26 Il s'agit de la loi n° 95-116 du 4 février 1995.

27 Pour la catégorie C, il en est de même, sauf si l'emploi en question ne requiert pas l'exigence d'un diplôme, comme c'est le cas le plus souvent dans cette catégorie, c'est l'autorité qui pourvoit au poste qui décide.

28 La composition de ladite commission est fixée à l'article 2 alinéa 3 du décret n° 95-979 précité.

apprécie le niveau d'équivalence.
Il importe de préciser que les candidats sont recrutés aux termes du contrat pour un an renouvelable une seule fois, à l'issue duquel les intéressés peuvent être titularisés, s'ils sont jugés aptes professionnellement à exercer les fonctions occupées pendant la durée du contrat, étant entendu que le candidat est recruté sur un emploi vacant de titulaire. Toutefois, l'administration peut, si elle le juge indispensable, décider de l'orienter vers un poste de travail plus adéquat au regard de son handicap. En tout état de cause, la carrière de la personne handicapée doit faire l'objet d'un suivi tant sur sa formation professionnelle que sur les aspects médicaux afin de mieux organiser son insertion.
Enfin, le contrat prend fin soit par la titularisation ou le licenciement de la personne intéressée. A l'issue du contrat, l'autorité administrative compétente apprécie l'aptitude professionnelle de l'agent au vu du rapport dressé par le supérieur hiérarchique et, le cas échéant, par le directeur de l'organisme de formation et suivant un entretien à caractère exclusivement professionnel avec un jury *ad hoc*. C'est au vu de cette procédure que l'administration décide de la titularisation[29].

### *c) Les emplois réservés*[30]

Il s'agissait là de la voie dérogatoire la plus ancienne. Elle avait été conçue dans les années vingt comme un droit accessoire au droit à pension. Elle était censée apporter une réponse à l'insertion des militaires, des invalides et veuves de guerre.
La législation sur les emplois réservés était expressément contenue dans l'article 22 de la loi du 11 janvier 1984 relatif à la fonction

---

29 L'autorité compétente peut, si elle estime que le candidat n'a pas totalement démérité, prolonger le contrat d'une année complémentaire à l'issue de laquelle son aptitude professionnelle sera définitivement examinée.

30 Elle concerne les personnes reconnues travailleurs handicapés par la COTOREP, les victimes d'accidents du travail ou de maladies professionnelles, les militaires et assimilés et les pensionnés de guerre et assimilés.

publique d'Etat. Il en était de même pour les fonctions publiques territoriales et hospitalières (articles 38 et 32).
Ce type de recrutement ne concernait que les catégories A et B des trois fonctions publiques, ainsi que les EPA (établissements publics administratifs) et dans une certaine mesure des EPIC (établissements publics industriels et commerciaux).
Cette procédure avait été étendue aux personnes handicapées en 1957. Cependant, le caractère protecteur lié aux conflits armés de l'époque, l'avait vidée de toute efficacité d'autant plus que nous ne sommes plus dans un contexte de guerre. Mais on peut s'interroger sur les conséquences des guerres actuelles : Kosovo, Irak (I)...
Par ailleurs, des questions d'accessibilité aux locaux causaient d'énormes difficultés. Il en était de même de l'éloignement des sites de travail. Tout ceci constituait autant d'obstacles, qui limitaient l'efficacité de cette voie d'accès, si l'on prenait en compte le nombre effectif de personnes intégrées dans la fonction publique par cette voie. Ainsi par exemple, on dénotait d'une part, que seules 436 personnes handicapées étaient intégrées la fonction publique d'Etat en 1999 par cette procédure. D'autre part, dans la même année sur les 1223 postes vacants, il n'y avait eu que 35,6% pourvus[31]. A l'épreuve des faits, cette procédure dérogatoire n'était plus satisfaisante, c'est pourquoi ces emplois réservés[32] ont été supprimés à la suite de l'adoption du protocole d'accord signé en octobre 2001.

### *3°) La problématique du reclassement des fonctionnaires devenus inaptes*

A cet égard, il importe de mentionner que l'état de santé d'un fonctionnaire peut l'empêcher d'exercer ses fonctions dans la plénitude de ses moyens. Aussi, avant d'entreprendre toute mesure

---

31 Sur ce point, voir Jean Michel LECOQ, op. cit.

32 Il faut préciser que la nomenclature des emplois réservés se trouvait intégrée au code des pensions militaires, d'invalides et des victimes de guerre. Cf. annexe III, chapitre IV du titre III du livre III.

(retraite anticipée pour invalidité) à son encontre, ce dernier doit bénéficier de la procédure dite de reclassement. Cette modalité est prévue par le statut général de la fonction publique et par le décret du 30 novembre 1984, modifié lui-même par le décret du 6 mars 2000.

Ainsi, lorsque le fonctionnaire est reconnu inapte à l'exercice de ses fonctions, le poste de travail sur lequel il est affecté doit être adapté à son état physique. Dans le cas ou cela n'est pas envisageable, deux solutions sont concevables : soit l'adaptation des fonctions, soit le détachement.

Dans le premier cas, l'administration, après avis du médecin de prévention, peut affecter ledit fonctionnaire sur un autre emploi de son grade, dans lequel les conditions de service sont de nature à lui permettre d'assurer les fonctions correspondantes[33].

Dans le second cas, s'agissant du détachement, si l'état de santé de la personne ne permet pas de l'affecter aux différents emplois de son grade, l'administration, après avis médical, invite l'intéressé à présenter une demande de reclassement dans un emploi d'un autre corps s'il a été déclaré en mesure de remplir les fonctions correspondantes. A cet effet, le décret précité du 6 mars 2000 enjoint à l'administration de proposer à la personne concernée plusieurs emplois pouvant être pourvus par voie de détachement. L'impossibilité pour l'administration de satisfaire à cette demande doit être obligatoirement motivée[34].

Après avoir dégagé les points saillants de l'intégration des personnes handicapées dans le secteur public, il convient maintenant d'aborder leur insertion cette fois, vue sous l'angle du secteur privé.

---

[33] Cf. décret n°84-1051 du 30 novembre 1984.

[34] Pour aller plus loin sur l'intégration des personnes handicapées dans le secteur public, cf. les statuts des trois fonctions publiques : Etat, collectivités territoriales et hospitalières.

### *B) Les modalités d'accès aux emplois privés*

La loi du 10 juillet 1987 permet à tous les bénéficiaires, y compris les travailleurs handicapés de bénéficier des mécanismes du dispositif d'insertion socioprofessionnelle élaborés à cet effet.
S'agissant des personnes handicapées, cette reconnaissance passe d'une part par la COTOREP, et d'autre part, elle s'impose aux entreprises assujetties par la loi en faveur de l'insertion professionnelle des personnes handicapées, correspondant aux 6% de l'effectif réel de l'entreprise en considération des modalités de calcul de l'assiette de l'obligation.

#### *1°) La reconnaissance de qualité de travailleur handicapé*

Comme pour l'accès aux emplois publics, il est impératif que la COTOREP se prononce sur la qualité de travailleur handicapé au sens de l'article L. 323-10 du code du travail. En effet, toute personne dont les possibilités d'obtenir ou de conserver un emploi sont réduites par suite d'une insuffisance ou d'une diminution des capacités physiques ou mentales peut bénéficier de l'ensemble du dispositif d'aide à l'insertion professionnelle des personnes handicapées.
La qualité de travailleur (*RQTH*) devrait s'apprécier au regard de la nature du handicap et de la compatibilité de celle-ci avec l'emploi exercé ou la formation initiale. Par conséquent, la COTOREP examine et apprécie l'aptitude au travail en prenant en compte l'état de santé de la personne concernée. Elle se prononce sur l'orientation vers le milieu de travail adapté au handicap de la personne demandeuse, soit en milieu ordinaire, soit en milieu protégé.
Si la personne handicapée le souhaite, elle peut exprimer ses propres souhaits vers une orientation qui épouse son choix en matière d'emploi adapté en milieu ordinaire ou protégé, voire même proposer l'aide à l'élaboration d'un projet professionnel adapté.
La reconnaissance la qualité de travailleur handicapé est organisée

selon une classification liée au degré de gravité du handicap. Ainsi, les handicaps légers ou temporaires sont classés dans la catégorie A ; les handicaps modérés ou durables sont répertoriés en catégorie B et les handicaps graves et définitifs sont classés en catégorie C. Il n'est pas fortuit de rappeler que les travailleurs handicapés font partie de ce que l'on qualifie de public prioritaire sur les principales aides publiques à l'emploi[35] : les contrats initiative-emploi (CIE), les contrats emploi-solidarité (CES) et les contrats consolidés (CEC). Le tableau ci-après, en donne une illustration.

| | CIE | | CES | | CEC | |
|---|---|---|---|---|---|---|
| | Total | %TH | Total | %TH | Total | %TH |
| 1996 | 21 567 | *8* | 49 397 | *8* | 7 833 | *10* |
| 1997 | 22 800 | *10,3* | 52 931 | *9,7* | 9 743 | *10* |
| 1998 | 23 366 | *12* | 49 074 | *10,3* | 12 201 | *11,3* |
| 1999 | 23 328 | *15* | 40 672 | *9* | 14 800 | *11,5* |

(source DGEFP 1999)

En règle générale, le contrat qui lie une personne reconnue travailleur handicapé (dans le secteur privé) à l'employeur est de droit commun donc en cas de conflit, ce sont les dispositions du code du travail qui s'appliquent. Il en est ainsi également des contrats relatifs au public prioritaire susmentionné.

Il peut arriver qu'une personne exerçant son métier dans une entreprise entrant dans le champ d'application de la loi du 10 juillet 1987 sur *l'obligation d'emploi* voit son état de santé se dégrader à telle enseigne qu'il importera de prendre en considération cette donne afin de prévenir un licenciement pour cause d'inaptitude au poste de travail. Ainsi, dans le cadre du maintien dans l'emploi, le rôle du médecin du travail[36] sera déterminant pour conseiller le chef d'entreprise sur la situation médico-sociale de la personne concernée et les mesures

---

35 Le plus souvent, la signature de ces contrats est exonérée de la condition liée à la durée d'inscription sur les fichiers de l'Agence nationale pour l'emploi (ANPE). Ces contrats aidés sont en baisse actuellement, eu égard à la conjoncture politique, économique et sociale.

36 On reviendra sur cet aspect, cf. chapitre II.

préventives à prendre avant toute décision éventuelle de licenciement.

### 2°) *L'incidence des critères d'assujettissement des entreprises*

Comme on l'a vu précédemment, les entreprises sont assujetties à *l'obligation d'emploi* dès lors que l'effectif réel atteint le seuil de 20 salariés. Cet effectif est calculé en fonction d'une assiette visant à apprécier la situation d'un employeur au regard de *l'obligation d'emploi*[37]. Au surplus, et le cas échéant, il convient de retrancher de ces effectifs les emplois relevant des catégories exigeant des conditions d'aptitude particulières énumérées dans le décret du 22 janvier 1988. Ce calcul est effectué selon les modalités fixées à l'article L 431-2 et précisées au paragraphe I. 2 de la circulaire du 23 mars 1988 précitée. Par conséquent, si l'effectif se trouve ramené à moins de vingt (20) salariés par le calcul de l'assiette, l'entreprise n'est plus soumise à *l'obligation d'emploi*.
Il existe également un principe de péréquation dans le cadre des accords d'entreprise ou de branche s'ils sont conformes aux prescriptions fixées à l'article L 323-8-1, puisqu'une péréquation est possible par le biais de l'emploi des personnes handicapées entre établissements d'une même entreprise, que ces établissements soient assujettis ou non eux-mêmes à *l'obligation d'emploi*. Cependant, la mise en application d'un accord de branche ne peut avoir pour effet de permettre une péréquation de *l'obligation d'emploi* entre entreprises distinctes appartenant à une même branche. Toutefois, l'accord de branche peut prévoir pour toutes les entreprises de cette branche la faculté de mettre en œuvre une péréquation entre plusieurs des établissements de cette entreprise. Il en va ainsi de l'article R 323-7, qui permet à une entreprise de s'acquitter de ses obligations légales, non pas en employant 6% des bénéficiaires conformément aux dispositions de l'article L 323-1, mais en mettant en œuvre les plans énumérés à

---

[37] Etant précisé que les catégories d'emplois exclus, sont énumérées en annexe du décret n° 88-77 du 22 janvier 1988.

l'article L 323-8-1 et, en répartissant l'effort quel qu'il soit : emploi, embauche, formation, sur tout ou partie de ses établissements.

Après avoir exposé les principales voies d'accès à l'emploi des personnes handicapées telles qu'elles sont définies par la loi du 10 juillet 1987, il sied maintenant de décrire les principaux acteurs intervenant dans le champ d'application de *l'obligation d'emploi*.

# CHAPITRE II : LES INSTANCES ENCADRANT LA POLITIQUE D'INSERTION SOCIOPROFESSIONNELLE DES PERSONNES HANDICAPÉES

Il y a lieu de partir d'une segmentation liée d'une part, à l'évaluation médico-sociale qui ressort de la compétence de la première catégorie d'instances intervenant au niveau de l'évaluation du degré d'incapacité et de l'orientation professionnelle des personnes handicapées, que sont la COTOREP et les professionnels de la médecine du travail (Section I). D'autre part, il importe de faire état à côté de ces organismes, d'autres instances qui participent à la mise en œuvre effective sur le terrain du dispositif d'intégration professionnelle. Il s'agit en premier lieu, de l'AGEFIPH et des institutions partenaires telles que les (CAP-emploi) et, en second lieu, de fonds interministériels en direction de l'insertion des personnes handicapées dans la fonction publique (Section II), qui eux, répondent à des impératifs d'intégration et de financement des mesures d'insertion professionnelle des bénéficiaires du dispositif.

## SECTION I : L'INTERVENTION DES INSTANCES À VOCATION MÉDICO-SOCIALE

C'est la loi d'orientation du 30 juin 1975[38] qui a mis en place la Commission technique d'orientation et de reclassement professionnel (COTOREP). Cette institution est au cœur de la problématique du handicap (A) ; placée en amont, elle a une influence déterminante sur l'évaluation du handicap par

[38] Est complétée par le décret n° 76-479 du 2 juin 1976. Voir également le décret du n° 95-642 du 6 mai 1995 sur le fonctionnement de la COTOREP.

conséquent sur l'orientation socioprofessionnelle des personnes concernées. Cependant, le handicap contrairement aux idées reçues, peut intervenir à tout moment et frapper n'importe qui[39]. Ainsi, une personne valide peut être au cours de sa carrière professionnelle affectée par une maladie invalidante, par exemple, la sclérose en plaques, ou de toute autre pathologie dont le caractère évolutif nécessitera à plus ou moins brève échéance, une adaptation du poste de travail dans le cadre du maintien dans l'emploi. Ici, le rôle de la médecine du travail (B) sera appréciable d'un double point de vue, d'une part, il assurera une meilleure information du chef d'entreprise quant à sa prise de décision en vue de son maintien ou de toutes autres mesures favorisant l'insertion dans l'entreprise. D'autre part, il mettra la personne atteinte d'une déficience en situation de mieux accepter les propositions d'une éventuelle adaptation du poste qu'il occupe, à défaut d'un licenciement pour inaptitude professionnelle.

### *A) La place de la COTOREP dans le dispositif d'insertion socioprofessionnelle*

Dans cette perspective, il faut en premier lieu, faire état des objectifs assignés en matière d'emploi à la COTOREP. Dans un deuxième temps, nous aborderons ses attributions notamment, en ce qui concerne l'orientation professionnelle. Enfin, il n'est pas fortuit de toucher du doigt quelques dysfonctionnements de l'institution, eu égard à la pluralité de décisions qui ne sont pas toujours homogènes d'une COTOREP à l'autre. Sans doute ces difficultés sont liées au gigantisme des tâches qui leur sont assignées et qui ne sont pas sans conséquences sur l'efficacité recherchée dans la reconnaissance et la résolution des problèmes rencontrés par les personnes handicapées.

---

[39] C'est le cas d'une personne accidentée de la route, du travail ou tout simplement d'un accident domestique, ce qui veut dire que le handicap n'est pas forcément inné.

### *1°) Les objectifs assignés à la COTOREP*

La commission technique d'orientation et de reclassement professionnel existe dans chaque département français. Elle est habilitée à connaître la situation de l'ensemble des personnes handicapées adultes[40]. Elle regroupe en son sein des compétences diverses notamment, en matière d'emploi, de formation professionnelle et des problèmes spécifiquement liés au handicap.
Elle est donc compétente pour apprécier les demandes émanant des adultes handicapés du département ayant trait aux domaines de compétence sus-évoqués à l'instant : emploi / formation, aides financières et sociales. Toutefois, cette compétence peut être renvoyée par le président de la Commission du lieu de résidence du demandeur à la COTOREP du département où l'intéressé est en traitement ou en rééducation. Etant entendu qu'aucune demande ne peut être faite sans l'accord préalable de la personne handicapée elle-même.

### *2°) Les attributions de la COTOREP en liaison avec l'emploi*

Elle a vocation à se prononcer sur toutes les mesures relatives à l'orientation de la personne handicapée et sur l'attribution des différentes aides financières. En effet, la COTOREP se réunit en première section[41] pour la reconnaissance de la qualité de travailleur handicapé et prend à la suite les décisions relatives à l'orientation et au reclassement professionnel.
S'agissant du reclassement professionnel, elle se prononce sur la

---

[40] En ce qui concerne les enfants âgés de moins 20 ans, c'est la Commission départementale d'éducation spéciale (CDES) qui est compétente.

[41] La COTOREP réunie en deuxième section connaît des affaires ayant trait aux aides sociales et financières, ainsi que les placements dans les établissements médico-sociaux. A ce titre, elle décide du taux d'invalidité et de l'attribution des diverses allocations : l'allocation adulte handicapé (AAH), l'allocation compensatrice pour tierce personne (ACTP) et l'allocation compensatrice pour frais professionnels supplémentaires (ACFPS). Elle instruit également les dossiers relatifs à l'attribution des macarons GIC (grand invalide civil).

reconnaissance de la qualité de travailleur handicapé (*RQTH*)[42]. Ainsi, afin de favoriser l'insertion professionnelle, la COTOREP peut également, à la demande de l'employeur et des partenaires, et après avis de l'inspection du travail, décider une compensation du coût du travail, eu égard aux effets du handicap sur l'accomplissement de la tâche de la personne handicapée au regard de son rendement professionnel.

Il faut préciser que cette disposition ne concerne que les travailleurs handicapés répertoriés dans les catégories B et C donnant lieu à des abattements sur salaire[43]. Cette diminution de salaire est compensée en tout ou partie, par la *garantie de ressources* (GRTH) qui est financée par l'AGEFIPH[44].

Tableau : Le tableau ci-après donne une indication sur les décisions prises par la COTOREP.

| Nombre de décisions | 1998 | 1999 (1) |
|---|---|---|
| 1ère section | 394 648 | 416 950 |
| 2ième section (2) | 713 574 | 721 416 |
| Total | 1 108 222 | 1 138 366 |
| %1ère section | 35,6% | 36,6% |

(source DGEFP 1999)

(1) En raison de problèmes informatiques, quelques COTOREP n'ont pas fait parvenir à la DGEFP leurs tableaux statistiques. Les 4 DOM sont inclus dans les statistiques 1999 (3 en 1998).

(2) Seules 3 décisions relevant de la compétence de la seconde section sont prises en compte (allocation adulte handicapé, allocation compensatrice tierce personne et carte d'invalidité). Les décisions de placement en MAS, foyer etc., ne sont pas comptabilisées.

En tout état de cause, cette *garantie de ressources* obéit à un certain nombre de critères selon qu'il s'agit d'un emploi en milieu

---

42 Cf. supra, chapitre I, section II.

43 Avec un abattement de 10% au maximum pour la catégorie B et de 20% pour la catégorie C. L'abattement peut aller jusqu'à 50% du salaire pour la catégorie des emplois protégés en milieu ordinaire.

44 Cf. infra, section II.

ordinaire du travail ou en milieu protégé[45].
S'agissant de la formation, le travailleur handicapé peut accomplir un stage de rééducation, de réadaptation ou de formation professionnelle. Il peut aussi subir une formation grâce à un contrat de rééducation en entreprise ou être orienté vers l'apprentissage pour lequel des aménagements sont effectués.
S'agissant du placement en matière d'emploi, la COTOREP peut orienter une personne handicapée vers : un emploi administratif (fonction publique) ; un emploi en milieu ordinaire de production ou un centre de distribution de travail à domicile ; un atelier protégé ou un CAT (centre d'aide par le travail).

Tableau : Les décisions d'orientation de la COTOREP

| Orientations (hors refus) | 1998 | | 1999 | |
|---|---|---|---|---|
| Milieu protégé | 47 803 | 37,1% | 48 708 | 37% |
| Milieu ordinaire | 63 795 | 49,5% | 65 988 | 50% |
| Formation | 17 356 | 13,4% | 17 206 | 13% |
| Total | 128 954 | 100% | 131 902 | 100% |
| Dont 1ères demandes | 48,3% | | 51,7% | |

(source DGEFP 1999)

Ces orientations peuvent être accompagnées d'aides financières, en termes de primes, de subventions d'installation ou comme on l'a vu, sous forme de complément de salaire, c'est-à-dire la garantie de ressources (*GRTH*).

### *3°) Les disparités dans les décisions des COTOREP sources de confusion*

Une des difficultés majeures rencontrées par la COTOREP dans le cadre de l'exécution de ses missions, réside d'une part, dans le fait que les délais d'attente sont très longs pour l'instruction des dossiers, ce qui a pour conséquence de retarder la prise en charge

[45] On reviendra sur cet aspect quand on abordera le chapitre sur le travail protégé.

des demandeurs. D'autre part, l'absence d'homogénéité dans les décisions rendues par les différentes COTOREP, puisqu'il faut rappeler que dans chaque département, il existe une COTOREP « déconcentrée ». S'agissant des délais d'attente, ils sont le plus souvent dus au manque de moyens en personnel pour traiter des dizaines de milliers de dossiers par an. Par ailleurs, les usagers eux-mêmes ne facilitent pas souvent la tâche de cette administration, en ne fournissant pas tous les éléments nécessaires à l'instruction de leur situation propre. Ce qui a pour effet mécanique de rallonger les délais passablement déjà longs, c'est-à-dire en moyenne six mois, voire plus en considération de ce qui vient d'être mentionné. S'agissant de la disparité des décisions, celle-ci est liée au fait que chaque COTOREP détient ses propres références et critères en matière procédurale, ce qui aboutit à rompre le principe d'égalité des usagers face au handicap. Partant, dans des cas quasiment similaires chaque COTOREP est maîtresse de ses procédures au niveau départemental en ce qui concerne la mesure du taux d'invalidité ou la délivrance du macaron GIC. Ceci a pour conséquence de brouiller la lisibilité des interventions de la COTOREP, et *in fine*, de nuire à l'efficacité de cette administration auprès des usagers, qui ne comprennent pas toujours les raisons de ces divergences d'approche. D'autant plus que certains usagers s'estiment victimes le plus souvent de décisions supposées injustes notamment, en ce qui concerne leur reconnaissance en tant que personne handicapée, dans la mesure où de telles décisions ont des incidences sur le niveau de leur éventuelle prise en charge par la solidarité nationale. Ainsi, à situations identiques du point de vue de la pathologie, voire même des problèmes d'ordre affectif et psychologique liés au handicap, les décisions des COTOREP varient sensiblement. En tout état de cause, les personnes placées dans de telles conditions, disposent en droit de voies recours pour contester de telles décisions.

Tableau : Les décisions de reconnaissance de travailleurs handicapés

| RQTH hors refus et sursis | 1998 | | 1999 | |
|---|---|---|---|---|
| A | 36 958 | 19% | 40 011 | 20% |
| B | 97 181 | 51% | 104 169 | 51% |
| C | 56 078 | 30% | 59 306 | 29% |
| Total | 190 217 | 100% | 203 486 | 100% |
| Dont 1[ères] demandes | 57% | | 55,8% | |

(source DGEFP 1999)

Dans certaines hypothèses, un salarié peut être déclaré inapte médicalement à son emploi par la médecine du travail et être déclaré apte au travail par la COTOREP. Ces divergences d'appréciation résident entre autres, dans l'existence de deux notions distinctes : la première à trait à *l'aptitude au travail* et est appréciée par la COTOREP. A ce titre, celle-ci reconnaît le cas échéant, la qualité de travailleur handicapé et la préconisation des mesures relatives à son orientation professionnelle ou sur celles d'un éventuel reclassement.

La seconde notion porte sur *l'aptitude au poste de travail* et qui ressort de la compétence du médecin de travail[46] en charge de la surveillance médicale des salariés d'une entreprise donnée. Cette notion est plus précise que celle d'aptitude au travail dans la mesure où elle prend en compte à la fois les conditions de travail de l'entreprise et les contraintes du poste auquel le salarié est affecté.

Ces dysfonctionnements ont déjà donné lieu à différents rapports mettant l'accent sur une charge de travail incompatible avec les moyens techniques et humains des COTOREP. Ainsi par exemple, la lourdeur induite par la division en deux sections (en voie de suppression). Ces difficultés sont corrélées par des problèmes de fond, comme le très faible nombre de représentants des personnes

---

46 Cf. infra, B.

handicapées au sein des commissions[47]. Ce qui tend à exclure les personnes handicapées du processus de décision les concernant au premier chef.
Par conséquent, « l'effet institutionnel » joue à plein régime. Dans ces conditions, on observe que dans certaines régions, les orientations portent majoritairement vers les milieux spécialisés plutôt que vers le milieu ordinaire où la formation et la réadaptation professionnelle sont réduites à la portion congrue[48].
*In fine*, la grande complexité de l'attribution des aides humaines et techniques, l'absence de coordination sur le terrain ont été mises en exergue par le rapport V. Hespel / M. Thierry[49]. En France, selon le rapport Fardeau, on serait en présence d'un système rigide et bureaucratique, loin des préoccupations des personnes handicapées[50].
Consciente des problèmes posés par ces divergences d'approche et de la gêne que cela entraîne pour les usagers, la COTOREP s'est engagée récemment dans un processus d'homogénéisation de ses méthodes de travail au niveau de chaque siège départemental d'autant plus que certains usagers ont le sentiment à tort ou à raison, d'être les victimes de ces dysfonctionnements. C'est pourquoi une réforme a été initiée en vue d'uniformiser les procédures, en fusionnant notamment, les deux sections afin d'avoir une vision globale des problématiques soulevées par le handicap. Cette réforme devrait permettre une meilleure rationalisation du travail des COTOREP donc à terme une efficacité accrue de ses interventions.
A côté de la COTOREP, la médecine du travail peut et doit jouer un rôle important dans la prise en charge des personnes handicapées notamment, dans le cadre du maintien dans l'emploi.

---

[47] Par exemple, sur les douze membres de la CDES, un seul représentant ; sur les 20 membres de la COTOREP deux personnes…

[48] D. Velche, cité par M. Fardeau, op. cit., p. 40.

[49] Cf. Rapport, 1998, IGF et IGAS.

[50] Op. cit., p. 40.

### *B) L'intervention de la médecine du travail*

Si l'appréciation de la COTOREP est déterminante pour accorder le « sésame » de travailleur handicapé *ab initio*, celle de la médecine du travail qui intervient en aval notamment, au moment de l'embauche, n'est pas moins importante, bien que la loi du 10 juillet 1987 ne fasse pas expressément référence à la médecine du travail dans le dispositif d'insertion socioprofessionnelle des personnes atteintes d'une déficience. Toutefois, il faut mentionner que les missions de la médecine du travail s'inscrivent dans le cadre de la législation sur le travail, c'est-à-dire essentiellement du code du travail et du décret du 28 décembre 1988 modifiant le titre IV du livre II du code du travail (article R 241 et suivants). A cet égard, l'article R 241- 43 est très clair en ce qui concerne les relations entre la médecine du travail et les travailleurs handicapés. En effet, cet article dispose que « l'employeur est tenu de prendre en considération les avis qui lui sont présentés par le médecin du travail en ce qui concerne l'application de la législation sur les emplois réservés et les personnes handicapées, et le cas échéant, de faire connaître les motifs qui s'opposent à ce qu'il y soit donné suite ».

Pour mettre en exergue le rôle du médecin du travail en faveur des personnes handicapées, on exposera dans un premier temps, son intervention au stade de l'évaluation médico-professionnelle, avant de voir ensuite son rôle de conseil auprès du chef d'entreprise.

#### *1°) L'évaluation médico-professionnelle*

Le code du travail dans son article R 241- 41 et suivants donne au médecin une panoplie de moyens pour suivre l'intégration des personnes handicapées en milieu ordinaire ou protégé du travail[51].

---

[51] S'agissant du milieu protégé, la législation du travail en matière de protection médicale des travailleurs handicapés s'applique intégralement. Cependant, en ce qui concerne les centres d'aide par le travail (CAT), ce sont les dispositions du code de la santé publique qui s'imposent. Par ailleurs les règles d'hygiène et de sécurité s'appliquent dans les CAT.

En tout premier lieu, il faut indiquer que tout salarié est tenu de passer un examen médical préalable à l'embauche ou au plus tard avant l'expiration du délai de stage (période d'essai qui suit l'embauche). Il en est de même des examens médicaux relatifs à la détermination de l'aptitude au poste de travail en vue éventuellement de proposer une meilleure adaptation à la personne atteinte d'une déficience. Par ailleurs, le médecin peut prescrire des examens médicaux complémentaires en vue de déceler d'éventuelles affections susceptibles de constituer une contre indication au poste de travail, étant entendu que ces examens sont pris en charge par l'employeur. Il peut même arriver qu'un demandeur d'une reconnaissance de travailleur handicapé présente à l'appui de sa requête, un certificat médical délivré par le médecin du travail de l'entreprise[52]. Cependant, le médecin du travail n'a pas à s'associer à l'établissement d'un fichier de personnes handicapées sur la base de données administratives ni à participer à l'identification des personnes atteintes d'un handicap pour lesquelles, le secret médical joue à plein régime. En revanche, il peut être amené à informer les salariés sur la réglementation et établir sur ce fondement un certificat médical décrivant le handicap et les atteintes fonctionnelles par rapport aux exigences du poste et des conditions du travail, étant précisé que seul le demandeur peut saisir la COTOREP pour demander son « éligibilité » à la qualité de travailleur handicapé.
Ces différents contrôles et interventions sont ponctués d'examens médicaux périodiques obligatoires en vue d'assurer le maintien de la personne concernée à son poste de travail[53]. C'est pourquoi une surveillance médicale particulière a été mise en place pour les personnes handicapées[54]. Ainsi, le médecin du travail exerce un suivi médical particulier pour les personnes handicapées et les salariés qui viennent de changer de type d'activité et cela pour une

52 Cf. circulaire CDE du 24 mars 1988 du ministère des affaires sociales et de l'emploi.
53 De surcroît, tout salarié peut, à son initiative, demander un examen médical (article R 241- 49).
54 Cf. article R 241- 50 (arrêté du 11 juillet 1977).

période de 18 mois. Toutefois, ce dispositif réglementaire nécessite des précisions pour améliorer les interventions de la médecine du travail, d'autant plus que cette surveillance médicale particulière est de nature à favoriser l'action du médecin en vue de prendre les mesures appropriées, permettant une prise en charge précoce des pathologies et de leur évolution et par voie de conséquence, d'assurer un aménagement optimal des postes en vue du maintien du salarié. Rappelons à cet effet, que le médecin du travail reste seul maître pour déterminer la fréquence et la nature de ces examens[55]. Au demeurant, le médecin du travail est habilité à proposer des mesures individuelles telles que la mutation, ou la transformation du poste, justifiées par des considérations tenant à l'âge, la résistance physique ou l'état de santé des travailleurs. Par ce biais, le médecin du travail apparaît comme un conseiller du chef d'entreprise.

### 2°) *Le rôle de conseil auprès du chef d'entreprise*

Le médecin du travail est présumé être le conseiller du chef d'entreprise et, au-delà, des salariés, des représentants des salariés, et des services sociaux au sein de l'entreprise. De ce point de vue, il peut d'une part, permettre une amélioration significative des conditions de vie et de travail dans l'entreprise. D'autre part, il joue un rôle essentiel dans l'adaptation des postes, et apporte une expertise sur les rythmes de travail à la physiologie humaine.

Mais pour remplir efficacement cette fonction, il importe que le chef d'entreprise soit très coopératif et soucieux de l'intégration des personnes souffrant de déficience dans son établissement. Dans ce droit fil, lorsqu'un salarié est déclaré inapte à reprendre le poste qu'il occupe, l'employeur est tenu de lui proposer, eu égard aux conclusions écrites sur l'aptitude du salarié à exercer l'une des tâches existant dans l'entreprise, et après avis des délégués du

---

[55] Au surplus, l'article R 241-32 précise que le médecin du travail dispose d'un temps complémentaire pour accomplir cette mission, à concurrence d'un temps minimal d'une heure par mois pour 10 salariés.

personnel, un autre emploi approprié à ses capacités et aussi comparable que possible à l'emploi qu'il occupe, le cas échéant, il lui proposera des mesures telles que mutations, transformations de postes ou d'aménagement du temps de travail[56]. Dans le cas contraire, l'employeur est tenu de faire connaître par écrit, les motifs qui s'opposent au reclassement de la personne concernée.
La mise en œuvre de cette procédure peut être facilitée si le chef d'entreprise prend en considération les observations du médecin avec qui, il devra travailler en totale synergie afin de prendre en compte les problématiques des personnes atteintes d'une déficience qui obère leur capacité professionnelle. A l'expérience, cette concertation n'est pas toujours de mise dans toutes les entreprises, ce qui a pour effet de réduire la portée des mesures de reclassement en faveur des personnes handicapées au sein de l'entreprise. D'autant plus que certaines personnes en situation de reclassement professionnel dénoncent à tort ou à raison, la duplicité de certains médecins du travail.
Il est de l'intérêt de tous les acteurs de l'entreprise (le chef d'entreprise, les salariés et les organisations représentatives des salariés etc.), de donner un sens à la culture d'entreprise, qui tienne compte des difficultés qui frappent des personnes handicapées, dans l'entreprise, et qui limitent leur intégration, dans le collectif. A cet égard, le médecin du travail, par sa position charnière, peut être l'élément « *facilitateur* » des rapports de travail au sein de l'entreprise pour peu que celle-ci fasse le choix d'une attitude citoyenne, en accordant une attention particulière à l'évolution des pathologies susceptibles de modifier le rendement professionnel donc préjudiciable pour l'entreprise elle-même et la personne.

[56] La procédure relative à la décision d'inaptitude est consignée dans le décret du 14 mars 1986, confirmée par celui du 28 décembre 1988.

## SECTION II :

### L'INTERVENTION DES INSTANCES À VOCATION FINANCIÈRE ET D'INSERTION PROFESSIONNELLE

L'une des innovations de la loi du 10 juillet 1987, est d'avoir mis au centre du dispositif d'insertion socioprofessionnelle des personnes handicapées, une structure chargée de collecter et de gérer les fonds en vue d'assurer le financement des mesures d'accompagnement de l'intégration des travailleurs handicapés en milieu du travail ordinaire. Il s'agit de l'association nationale pour la gestion du fonds pour l'insertion professionnelle des personnes handicapées (AGEFIPH) (A). Par ailleurs, pour renforcer son action sur le terrain, l'AGEFIPH finance un certain nombre de structures qui interviennent directement sur l'emploi des personnes en situation de handicap. Il en est ainsi du réseau Cap Emploi. Le domaine de compétence de l'AGEFIPH s'étend aux entreprises assujetties à *l'obligation d'emploi* dans le milieu ordinaire du travail. Cependant, il existe des instances qui ont été créées dans le secteur public essentiellement dans la fonction publique et qui assurent la prise en charge de l'insertion professionnelle des personnes handicapées. Il s'agit de fonds interministériels en vue d'une meilleure insertion dans la fonction publique (B).

### *A) L'AGEFIPH et le réseau Cap Emploi*

Initiée par la législation sur *l'obligation d'emploi* (loi du 10 juillet 1987), l'AGEFIPH a pour mission de favoriser l'accès à l'emploi et le maintien au travail des personnes frappées d'un handicap dans toutes les entreprises du secteur privé assujetties à *l'obligation d'emploi*. Pour accomplir cette mission, elle dispose de moyens importants sur le plan financier et à travers un réseau d'acteurs (partenaires) qu'elle soutient sur le terrain de l'emploi en faveur des personnes handicapées. Mais pour que cette mission soit efficace, elle mobilise des partenaires parmi lesquels figure le réseau Cap Emploi.

### 1°) *Le statut et le rôle de l'AGEFIPH*

Créée par la loi du 13 septembre 1988, l'association nationale pour la gestion du fonds en faveur de l'insertion professionnelle des personnes handicapées, est une association du type loi 1901.
Elle est administrée par un Conseil d'administration, regroupant l'ensemble des partenaires sociaux et les associations de personnes handicapées œuvrant pour l'intégration professionnelle des personnes handicapées.
Elle est composée de quatre collèges. Au sein de chaque collège, il y a cinq représentants :
- collège salariés ;
- collège employeurs ;
- collège associations ;
- collège de personnes qualifiées.

L'AGEFIPH se situe au cœur du dispositif prévu par la loi sur *l'obligation d'emploi* pour favoriser l'emploi, l'aménagement des situations de travail et le maintien dans l'emploi des personnes handicapées.
S'agissant des incitations à l'embauche, elle encourage les entreprises qui engagent des personnes handicapées en leur versant une prime[57]. L'objectif étant de faire progresser le niveau de l'emploi des personnes concernées par la loi du 10 juillet 1987[58].
Le programme d'intervention regroupe 20 mesures pour favoriser l'emploi des personnes handicapées. Ces mesures s'adressent aux entreprises, aux personnes handicapées, aux opérateurs de terrain.
Au cours de la période récente, les employeurs de petits établissements de moins de 20 salariés donc non assujettis à l'obligation *d'emploi* étaient non négligeables, puisqu'ils réalisaient 57% des embauches primées. Cependant, on assiste

---

57 Le montant de cette prime était avant le 1 juin 2001 de 15 000 F soit (2287 Euros) ; la prime est passée à compter de cette date, à 10 000 F, soit l'équivalent de (1524, 50 Euros). La personne handicapée pour sa part touchait une aide de 10 000 F ; aujourd'hui celle-ci s'élève à 5 000 F, soit (762 Euros).

58 Ainsi l'aide apportée dans ce cadre en 2000, a porté sur 32 000 contrats de travail. Cf. *Rapport de l'AGEFIPH* pour 2000, page 19.

depuis quelques années à une inversion de la tendance puisque désormais, ce sont les entreprises de plus grande taille qui contribuent le plus à l'augmentation de l'emploi des personnes handicapées. Ainsi, en 2000, la progression la plus significative concerne les établissements de plus de 100 salariés, soit (39%), dans lesquels se réalisent 17% des embauches primées[59].
Tous les secteurs d'activité sont concernés, même si on observe que c'est le secteur du tertiaire avec 52% qui emporte la plus grande part des personnes engagées selon les statistiques fournies dans le rapport de l'AGEFIPH précité, ainsi que celles de DGEFP, illustrées par le tableau suivant.

Tableau : Répartition des travailleurs handicapés par secteur d'activité et catégorie de bénéficiaires.

| | COTOREP | Accidentés du travail | Invalides pensionnés | Mutilés de guerre | Ensemble |
|---|---|---|---|---|---|
| Agriculture | 1% | 1% | 1% | 1% | 1% |
| Industrie | 43% | 57% | 35% | 51% | 48% |
| Construction | 2% | 10% | 2% | 4% | 5% |
| Tertiaire | 50% | 30% | 42% | 39% | 42% |
| Administration | 4% | 2% | 20% | 5% | 4% |
| Total | 100% | 100% | 100% | 100% | 100% |

(source DGEFP 1999)

Au sein des contrats primés, les contrats initiative emploi (CIE) ont légèrement augmenté par rapport à 1999. Mais ce type de contrat est souvent le fait d'entreprises de moins de 10 salariés, et ne représente plus qu'un contrat primé sur deux contre trois sur quatre en 1997.
S'agissant de l'aménagement des situations de travail, l'initiative consiste à transformer ou à adapter les outils, mais également l'organisation du travail en vue de faciliter le maintien dans l'emploi. Elle peut être individuelle ou collective. En effet, les interventions individuelles représentent 95% des actions. Dans les 2/3 des cas, il s'agit d'une opération de maintien dans l'emploi.

[59] Cf. *Rapport AGEFIPH*, op. cit., 40 et suivantes.

Quant aux aménagements collectifs, ils sont plus rares. On les rencontre le plus souvent dans les grandes entreprises industrielles. L'AGEFIPH aide également les entreprises à rendre accessibles les lieux de travail au-delà même des contraintes légales en la matière[60]. C'est le cas par exemple de la construction d'une plate forme élévatrice, d'un ascenseur, de l'aménagement des sanitaires etc.

Enfin, en matière de maintien d'emploi en vue d'éviter la rupture du contrat de travail pour cause d'inaptitude professionnelle, l'entreprise peut bénéficier de deux types d'aides spécifiques :

- une subvention forfaitaire au maintien, qui facilite la mise en œuvre d'une réflexion et d'une action concertée ;
- un appui des cellules de reclassement professionnel, à compétence territoriale ou sectorielle, qui coordonnent et systématisent l'action des partenaires, optimisant ainsi les moyens de détection et de résolution des cas.

Les entreprises peuvent bénéficier d'autres aides visant à assurer le maintien dans l'emploi. Il en est ainsi lorsqu'il y a perte de productivité due à une baisse du rendement du travailleur handicapé.

La COTOREP peut compenser le salaire du travailleur handicapé dans la limite de 20% à 50% du SMIC. Ici c'est la garantie de ressources qui va compenser cette perte de productivité. En effet, comme nous l'avons déjà évoqué, cette réduction fait l'objet d'un remboursement partiel à l'employeur par l'AGEFIPH. Ainsi, en 2000, 10 500 personnes handicapées ont bénéficié de cette garantie de ressources[61] (GRTH) dans le milieu ordinaire du travail.

S'agissant de la subvention forfaitaire, elle permet de couvrir financièrement la période transitoire entre le constat du handicap et la mise en œuvre d'une solution concrète adaptée. Par son caractère souple, elle permet de réaliser rapidement des actions en vue de donner à l'entreprise tous les moyens de définir un projet

---

60 En 2000, l'AGEFIPH a subventionné 150 actions d'accessibilité pour un montant de 15 millions Francs.

61 Cf. *Rapport AGEFIPH*, op. cit., p. 23. Voir également, « *synthèse et pratiques* », publiées par l'AGEFIPH, n° 2, juillet 2000.

individualisé de maintien dans l'emploi. Dans cet ordre d'idées, plus de 1200 entreprises ont bénéficié de ce type de dispositif. Pour montrer l'efficacité de la mesure, 58% des employeurs ont déclaré que sans cette mesure, elles auraient procédé au licenciement des personnes handicapées placées dans cette situation.
Comme on vient de le voir, l'AGEFIPH joue un rôle central dans la mise en œuvre et l'animation du dispositif d'insertion socioprofessionnelle des personnes atteintes d'un handicap. C'est elle qui donne le tempo. Mais pour que son action soit complète et efficace dans l'intérêt bien compris des personnes handicapées, elle a institué un partenariat avec d'autres organismes[62] qu'elle soutient financièrement. C'est le cas entre autres, du réseau Cap Emploi.

### *2°) Cap Emploi : un réseau de placement et d'accompagnement vers l'emploi*

Ce réseau est composé de 118 Cap Emploi. Il s'agit des EPSR (équipe de placement et reclassement) et les OIP (organisme insertion et de placement) issus de la loi d'orientation de 1975.
Ces structures sont les interlocutrices privilégiées des personnes handicapées en recherche d'emploi. Elles assurent une mission de service public en complément de l'action de l'ANPE (Agence nationale pour l'emploi).
Le réseau « CAP emploi » a trois missions principales :

- l'élaboration des parcours d'insertion et l'accompagnement des bénéficiaires vers un emploi durable en milieu ordinaire du travail ;
- le placement des bénéficiaires et apporte son ingénierie aux entreprises d'accueil ;
- intervention sur les situations individuelles de maintien dans l'emploi.

---

[62] C'est cas par exemple, de la COTOREP, de OHE PROMETHEE, les EPSR , l'ANPE, le PDITH, l'ETAT…

Sur l'année 2000, le réseau Cap Emploi a contribué au placement de 42 095 personnes handicapées de tous types de contrats confondus, soit une progression de 19% par rapport à l'année 1999[63].
Il ne faut pas oublier de mentionner que ces actions sont relayées sur le plan départemental grâce à la mise place des PDITH (programme départemental d'insertion des travailleurs handicapés), avec la mise en place d'une plate-forme d'accueil et d'évaluation des personnes déposant pour la première fois une demande de reconnaissance de travailleur handicapé à la COTOREP. Cette action vise à améliorer le processus d'orientation professionnelle grâce à des sessions d'informations collectives et des entretiens individuels afin de mieux prendre en compte les besoins des usagers.
Si l'AGEFIPH intervient au niveau de l'insertion professionnelle des personnes handicapées dans le secteur privé, des fonds d'insertion des personnes handicapées opérant dans le secteur public notamment, dans la fonction publique, ont été créés pour améliorer la prise en charge du handicap.

### *B) Les instruments financiers de l'insertion professionnelle des personnes handicapées dans la fonction publique*

Le fonds d'insertion professionnelle des personnes handicapées géré par l'AGEFIPH n'intervient pas dans la fonction publique, qui dispose de ses propres règles en vue d'améliorer la situation professionnelle des personnes handicapées comme on l'a déjà vu précédemment[64]. Cependant, il existe des instruments financiers au service d'une meilleure insertion des travailleurs handicapés dans la fonction publique.

---

63 Cf. *Rapport AGEFIPH*, 2000, p. 24.

64 A l'exception des établissements publics industriels et commerciaux (EPIC), bien que gérant un service public.

Ces fonds sont au nombre de deux. Il s'agit d'une part, du fonds ministériel pour l'insertion des personnes handicapées dans la fonction publique (FIPH) et d'autre part, du fonds interministériel pour l'accessibilité aux personnes handicapées des bâtiments ouverts au public qui appartiennent à l'État (FIAH).

### *1°) Le fonds interministériel pour l'accessibilité des bâtiments publics aux personnes handicapées (FIAH)*

Ce fonds a pour objet d'améliorer les conditions d'accès aux bâtiments publics ouverts aux personnes handicapées en finançant les travaux d'accessibilité. Les interventions du FIAH sont attribuées après avis de la commission interministérielle de la politique immobilière de l'État. Ce fonds permet de compléter les efforts réalisés par chaque département ministériel pour la mise aux normes des bâtiments publics recevant les personnes handicapées appartenant à l'État. Les travaux de mise en accessibilité des bâtiments recevant du public, abritant des services publics administratifs qui sont la propriété de l'État, sont pris en charge dès lors que leur montant est égal ou supérieur à 100 000 Francs. Ces mises aux normes concerne tous types de handicaps.
L'instruction des demandes de financement des travaux d'accessibilité fait intervenir les préfets de région, destinataires des crédits alloués à ces opérations, ainsi que les préfets de département chargés de la politique immobilière de l'État dans le ressort départemental.
*In fine*, le Premier ministre arrête, après examen des propositions de la commission interministérielle de la politique immobilière de l'État, la liste des opérations bénéficiant des concours financiers de l'État abordés à travers le FIAH.

### *2°) Le fonds interministériel pour l'insertion des personnes handicapées dans la fonction publique (FIPH)*

Ce fonds a été mis en place dès 1988 au moment de la mise en

œuvre de la politique en faveur des personnes handicapées. Ce fonds était doté à l'origine de 15 millions de Francs, soit 2. 286 735 d'Euros. Il vise à faciliter les actions concrètes en faveur de l'intégration professionnelle des personnes concernées.
Dans un premier temps, ses moyens financiers étaient imputés sur les crédits sociaux, mais depuis 2000, ce fonds fait l'objet d'une inscription budgétaire spécifique.
Une note de la Direction générale de l'administration du 11 septembre 1998, précise que ces crédits peuvent être utilisés pour financer les actions liées au recrutement ou à l'insertion des personnes handicapées, dans la fonction publique. Ces actions doivent être entendues au sens le plus large. C'est le cas par exemple, de la prise en charge des travaux d'équipement, d'accessibilité aux locaux, notamment ceux pour lesquels le FIAH n'intervient pas. Il en est ainsi, également des aménagements de postes de travail. L'intervention du fonds peut concerner aussi l'aide à l'accompagnement sur le trajet du travail, ou sur le lieu même du travail, l'aménagement du véhicule personnel, ou la prise en charge d'une auxiliaire de vie, etc.
Enfin, ces fonds viennent en complément des efforts effectués dans le cadre de la formation professionnelle et à la sensibilisation des personnels aux problèmes liés au handicap. Ainsi, en 2000, ce sont environ 7, 5 millions de Francs qui ont été utilisés pour des opérations de mise en accessibilité de locaux et 5, 1 millions pour l'aménagement de postes de travail et 0, 5 million a été affecté aux aides à la vie quotidienne[65].
En tout état de cause, on peut considérer que ces fonds restent modestes quand on connaît l'ampleur des problèmes causés par le handicap dans le secteur public d'Etat. C'est pourquoi le protocole d'accord signé en octobre 2001 entre des syndicats, le ministre de la Fonction publique et la réforme de l'État, prévoit de faire passer ce fonds à 43 millions de Francs soit 6, 55 millions d'Euros. Cette somme paraît dérisoire au regard du nombre de salariés dans la fonction publique.

---

[65] Cf. Jean Michel LECOQ, op. cit., p. 14 et suivantes.

## CONCLUSION PARTIELLE

Si l'exposé sur le dispositif législatif et réglementaire de l'insertion professionnelle des personnes frappées d'une déficience marque l'affirmation d'une volonté nationale d'améliorer le sort des personnes placées dans cette situation, il n'en demeure pas moins vrai que l'application de cette volonté sur le terrain, se heurte à des obstacles qui en limitent la portée. D'autant plus que handicap et performance économique sont peu compatibles, dans la mesure où l'imagerie du monde de l'entreprise est encore trop peu tolérante vis-à-vis des personnes atteintes de déficiences invalidantes.

En effet, l'exigence de la productivité et de la rentabilité qu'elle induit, conduit à fragiliser les salariés atteints de pathologies qui pondèrent fortement leurs capacités intellectuelles et physiques, par conséquent leur rendement au travail. Il en est ainsi des personnes handicapées dont la qualification professionnelle est globalement inférieure à celle des autres salariés, encore faut-il nuancer le propos compte tenu du moment de la survenance du handicap.

Certes, si la mobilisation du monde économique a été bien engagée, puisque les chefs d'entreprise et les syndicats de salariés connaissent de mieux en mieux la loi du 10 juillet 1987, ainsi que l'AGEFIPH et ses partenaires, beaucoup de choses restent encore à accomplir pour une meilleure perception du handicap dans l'entreprise.

Or, si à l'évidence, on peut se réjouir de l'existence de *l'obligation d'emploi* en faveur des personnes handicapées, en revanche, en dépit de résultats positifs allant dans le sens d'une prise en compte des travailleurs handicapés, on ne peut objectivement occulter les zones d'ombre liées aux insuffisances et au progrès qui restent à faire en la matière.

Dès lors, l'identification des écarts entre espérances attendues et réalité, en termes de résultats concrets, induit à s'interroger sur la portée réelle de l'intégration des personnes handicapées dans le monde ordinaire du travail.

Aussi, importe-t-il de prendre un certain recul, afin de discerner dans les modifications du contexte social qui ont conditionné l'application de *l'obligation d'emploi*, mais aussi et surtout, au travers de l'évolution du handicap et de ses représentations, les principales causes de ces limites, qui constituent autant d'indices d'une appréciation critique à laquelle il est difficile d'échapper.

# DEUXIÈME PARTIE :

## LES DIFFICULTÉS LIÉES À LA MISE EN ŒUVRE DE LA POLITIQUE D'INTÉGRATION SOCIOPROFESSIONNELLE EN FAVEUR DES PERSONNES HANDICAPÉES : LES LIMITES DE *L'OBLIGATION D'EMPLOI*

La loi du 10 juillet 1987, malgré sa pertinence au regard des besoins des personnes handicapées en matière d'insertion professionnelle, n'a pas donné toute l'étendue des espoirs que le public concerné était légitimement en droit d'attendre, si on s'en tient aux résultats obtenus depuis la mise en œuvre du dispositif. C'est pourquoi, sans remettre en cause fondamentalement le dispositif d'intégration socioprofessionnelle issu de cette loi, il importe cependant de mettre en évidence les failles en vue de permettre une meilleure efficacité dans sa mise en œuvre effective. Le diagnostic d'ensemble porté, après 15 ans d'application de *l'obligation d'emploi*, est que l'intégration professionnelle marque le pas en raison d'un dispositif de formation peu opérant, de dispositions juridiques ambiguës, d'un système de rémunération peu stimulant, et d'une articulation trop rigide entre le milieu ordinaire et le milieu protégé. Dès lors, on peut se poser la question de savoir si l'intégration des personnes handicapées représente un véritable enjeu de cohésion sociale, en dépit du fait que la loi d'orientation du 30 juin 1975, puis la loi du 10 juillet 1987 affirment le devoir de solidarité de la nation à l'égard des personnes qui sont placées en situation de dépendance, eu égard à leur déficience. Pourtant, au-delà des propos convenus sur l'exemplarité d'une loi favorable à l'insertion socioprofessionnelle des personnes handicapées, la nécessaire préservation des acquis issus de l'application des principes dégagés par loi de 10 juillet 1987, ne saurait occulter le libre exercice d'un examen critique. C'est la tâche à laquelle on doit maintenant s'atteler, bien évidemment, dans une perspective constructive. Et cela, dans l'intérêt bien compris des personnes handicapées. Pour ce faire, on axera le propos dans deux directions. En premier lieu, il s'agira de mettre en exergue les limites du dispositif légal et réglementaire de l'insertion socioprofessionnelle des personnes handicapées (Chapitre I). En second lieu, il faudra à partir du bilan de l'exécution de la loi du 10 juillet 1987, cela au regard de la pratique des acteurs sur le terrain, faire des propositions en vue d'une application efficiente de *l'obligation d'emploi* (Chapitre II).

# CHAPITRE I :
## LES LIMITES DU DISPOSITIF LÉGAL ET RÉGLEMENTAIRE DE L'INSERTION SOCIO-PROFESSIONNELLE DES PERSONNES HANDICAPÉES

Quinze ans après l'adoption de la loi sur *l'obligation d'emploi*, on peut s'interroger sur l'effectivité des objectifs ambitieux et généreux qu'elle avait suscités d'autant plus que les phénomènes d'exclusion sociale s'amplifient et se diversifient sans que les solutions à leur opposer ne soient à la hauteur des difficultés. La situation des personnes handicapées face au monde du travail n'échappe pas à ce triste constat. Certes, on nous objectera que le système de protection sociale a globalement atteint un niveau d'engagement jamais vu. Mais alors, qu'en est-il du volontarisme insufflé par la loi ? La qualité de travailleur handicapé consacrée par la loi n'est-elle pas alors qu'un leurre notamment, dans le domaine de l'emploi et de la formation ? Cet *a priori* est renforcé par le bas niveau de formation d'une frange des personnes handicapées d'autant plus que 70% de personnes handicapées ont un niveau d'études inférieur au CAP. Or à ce sujet, un constat s'impose. En effet, le marché du travail est très sélectif, y compris pour les personnes valides *a fortiori* pour les personnes atteintes d'une déficience. Des considérations tenant à la rentabilité économique et financière dont sont affublées les entreprises, ainsi que plus généralement la montée du chômage de longue durée constituent des obstacles de taille pour l'intégration professionnelle des personnes handicapées sans compter l'incidence négative des phénomènes de représentation sociale du handicap. En d'autres termes, le handicap serait incompatible avec les exigences du milieu du travail fondées sur la compétitivité et la technicité avec pour dénominateur commun : la rentabilité financière. Au surplus, les diverses alternatives « compensatoires » accolées à la loi ne vident-elles pas celle-ci de son efficacité, puisque nombre d'entreprises préfèrent s'acquitter de la contribution que d'embaucher des personnes handicapées. Comment intégrer dans ces conditions des personnes qui ont une *capacité réduite* alors que l'entreprise moderne tournée vers la productivité, ne laisse que très peu de place au handicap consécutif à un accident lié à la maladie, à un accident domestique ou professionnel. La mise en place d'un dispositif d'insertion socioprofessionnelle des personnes handicapées à travers le travail protégé n'a pas non plus favorisé cette intégration en milieu ordinaire au vu des résultats observés sur le terrain. Tous ces facteurs constituent autant d'obstacles quant à la prise de décision à l'embauche d'une personne handicapée quand bien même les conditions posées par la loi relative à *l'obligation d'emploi* seraient remplies (Section I). Par conséquent, pour mesurer l'ampleur du rêve à la réalité de l'intégration professionnelle des personnes handicapées, une analyse comparative entre le secteur public et le secteur privé, s'agissant de l'application de *l'obligation d'emploi* en termes de convergences et de ruptures, permettra de saisir les difficultés nées de l'application effective de cette obligation (Section II).

## SECTION I :
### L'INCIDENCE DES FACTEURS DISCRIMINANTS DANS LA PRISE DE DÉCISION À L'EMBAUCHE DES PERSONNES HANDICAPÉES

Trois considérations sont à prendre en compte pour jauger de la pertinence ou non de la volonté des entreprises d'embaucher des personnes atteintes de déficiences physiques ou mentales en vue d'une insertion sur le plan professionnel. La première concerne l'adaptabilité des lieux et des postes de travail (A). La deuxième touche aux effets pervers que véhicule la représentation sociale du handicap notamment, dans le milieu du travail (B). Enfin, la portée exacte de l'évaluation des mesures de compensation visant à assurer aux personnes handicapées la possibilité de travailler dans un cadre transitoire dit protégé (C).

### *A) Les problèmes soulevés par l'adaptation des lieux et des postes de travail*

L'une des conditions *sine qua non* de l'insertion professionnelle des personnes handicapées réside avant tout, dans l'accessibilité des lieux de travail et son corollaire, l'adaptation des postes de travail. Le problème se pose de la même manière en ce qui concerne l'intégration des enfants handicapés en milieu scolaire. En tout état de cause, il ne faut pas oublier qu'une bonne scolarité des enfants handicapés en termes de formation, est un préalable nécessaire pour une meilleure intégration professionnelle future. Dans ces conditions, comment réaliser ce noble objectif, si au préalable les établissements scolaires ne sont pas accessibles à ces derniers. Le même parallèle peut être fait en matière d'intégration professionnelle. S'agissant de l'accessibilité, quelle définition donne le décret d'application de la loi d'orientation de 1975 en faveur des personnes handicapées : « *l'accessibilité consiste à permettre aux personnes handicapées à mobilité réduite de pénétrer dans les installations, d'y circuler, d'en sortir dans les conditions normales de fonctionnement et bénéficier de toutes les prestations offertes au public en vue desquelles cette installation a été conçue et qui ne sont pas manifestement incompatibles avec la nature du handicap* ». Cette définition était insuffisante, voire restrictive au regard des difficultés rencontrées par les personnes handicapées dans tous les secteurs de vie sociale, notamment de l'accès aux lieux de travail. D'autant plus qu'il faut savoir qu'avant 1991, l'accessibilité des lieux de travail n'avait pas un caractère obligatoire, à la seule exception des équipements sanitaires.

Certes, les entreprises bénéficiaient d'une aide de l'État, il est vrai limitée, pour améliorer l'accès de leurs établissements aux personnes handicapées. En effet, d'une part, la participation financière de l'État ne revêtait pas un caractère automatique et d'autre part, elle était limitée à 80% du montant total des investissements. Au surplus, cette aide ne pouvait excéder 50% des dépenses supplémentaires d'encadrement et était limitée à la période pendant laquelle cet encadrement était nécessaire pour assurer l'adaptation à l'emploi des travailleurs handicapés[66]. Autant dire que bon nombre d'entreprises ne se sentaient pas investies d'une mission de solidarité et d'insertion vis-à-vis des personnes à mobilité réduite[67], compte tenu des exigences induites par la compétitivité économique.

Cependant, pour corriger, voire tenter de combler d'une certaine manière le retard pris en ce domaine par rapport à d'autres pays, notamment scandinaves[68], il fallait arrêter une législation « coercitive » en vue de réduire cet obstacle rédhibitoire à l'insertion des personnes frappées d'une déficience. Pour ce faire, les pouvoirs publics ont adopté une loi le 13 juillet 1991 en vue de relancer la politique d'accessibilité. Celle-ci prévoit notamment, que l'exigence d'accessibilité soit étendue aux lieux de travail et immeubles de bureau accueillant un effectif supérieur ou égal à 20 salariés. L'obligation concerne aussi bien la création, la modification, l'extension ou la transformation des locaux à usage de travail. Pour réduire davantage les effets discriminants, la loi inclut pour la première fois les handicapés sensoriels, les déficients intellectuels et les personnes de petite taille dans le groupe des personnes « à mobilité réduite ».

Nonobstant les injonctions de la loi, il ressort des données concrètes de l'observation sur le terrain, que nombre d'entreprises assujetties à *l'obligation d'emploi* ne respectent qu'imparfaitement les normes d'accessibilité. Il ne faut pas omettre de mentionner que le simple fait de rendre accessibles les lieux de travail n'est pas suffisant en soi pour caractériser des indices favorables à l'intégration des personnes handicapées au sein de l'entreprise ; d'autres facteurs sont à prendre en compte comme par exemple, l'appréciation de l'opportunité de la réalisation de l'aménagement,

---

66 Cf. décret n° 78-105 du 25 janvier 1978, l'arrêté du 20 avril 1978, ainsi que leur circulaire d'application n° 32 / 78 du 27 avril 1978.

67 Ce phénomène touche également l'accès des lieux qui accueillent du public.

68 Sur ce point, voir le *rapport du professeur Michel Fardeau*, à la demande du ministère de l'emploi de la solidarité, 2001, dont l'analyse en termes de comparaison avec certains pays européens et au-delà, est très illustratif du retard de la France en matière de politique en faveur des personnes handicapées.

de la situation propre à la personne notamment, dans le cas d'une pathologie évolutive et bien sûr de la situation économique de l'entreprise.

Dans ce tableau, il faut ajouter les difficultés soulevées par le corollaire indispensable à l'accessibilité des bâtiments, l'accès aux moyens de transport qui est un accessoire nécessaire, voire une continuité de l'adaptation du poste de travail. En effet, l'étude des moyens de transport oblige à prendre en compte la globalité de la « chaîne de déplacement », c'est-à-dire non seulement les véhicules, mais l'environnement piétonnier, la voirie, le cadre bâti, l'accès à l'information[69]. D'autant plus que sans moyens de transport dignes de ce nom, on ne voit pas comment une personne handicapée pourrait se rendre sur son lieu de travail et prendre possession de son poste, quand bien même celui-ci serait aménagé. Dès lors, il y a une corrélation intime entre l'adaptation du lieu du travail et le transfert de la personne handicapée sur le site du travail. Or de ce point de vue, le surcoût exorbitant lié à l'aménagement des véhicules constitue un frein à l'intégration professionnelle et tout court, à l'autonomie de la personne handicapée.

Il ressort du terrain que nombre d'entreprises ont du mal à rendre accessibles leurs établissements notamment, au regard de la conformité des préconisations faites en amont. Le plus important est au-delà de l'accessibilité des locaux, c'est l'aménagement du poste de travail qui facilite l'insertion de la personne handicapée. C'est-à-dire l'adéquation entre la personne handicapée et le poste de travail. Ainsi, une étude réalisée en 1996 par l'AGEFIPH sur l'aménagement des postes démontre que la quasi totalité des personnes dont le poste a été aménagé, sont toujours en poste deux ans après[70]. Certes, si l'intervention financière de l'AGEFIPH en matière d'accessibilité a permis d'améliorer l'accès aux lieux de

---

[69] Sur la portée de l'accessibilité, voir l'excellent ouvrage de Jésus Sanchez, « *L'accessibilité, support concret et symbolique de l'intégration* », CTNERHI, 1989.

[70] Cf. Bilan sur 10 ans de fonctionnement de l'AGEFIPH, p. 57, l'Harmattan, 1997.

travail (rampe d'accès, ascenseur, monte-personnes…), on ne peut pas dire pour autant que tous les problèmes soient résolus, si on tient compte du taux effectif d'employabilité (6% de l'effectif réel). Cependant, il n'est pas inintéressant à cet égard, de souligner l'effort réalisé par l'AGEFIPH en la matière. Ainsi, depuis 1991, celle-ci intervient en complément de l'aide de l'État dans le financement des aménagements de postes à créer ou existants en entreprise ou à domicile, ainsi que l'aménagement pour les travailleurs indépendants. Dans ce droit fil, on peut citer par exemple, les efforts consentis pour l'accessibilité. En effet, l'AGEFIPH consacre en moyenne chaque année plus 15 millions de Francs, soit près de 2, 300 millions d'Euros à l'accessibilité des lieux de travail pour les personnes atteintes d'un handicap moteur. Au-delà des difficultés et des améliorations sus-invoquées, la perception des personnes handicapées par la société et notamment, du monde du travail, constitue un obstacle souvent infranchissable pour leur intégration socioprofessionnelle.

### *B) Les incidences de la représentation sociale du handicap sur l'intégration socioprofessionnelle*

Le handicap constitue dans beaucoup de sociétés un facteur de ségrégation sociale. Ce caractère ségrégatif prend sa source dans l'histoire qui accompagne la perception du handicap par la société. Par conséquent, la perception historico-sociologique du handicap conditionne les moyens que chaque société se donne, pour que les personnes atteintes d'une déficience n'en soient pas exclues. Cette vision sociale du handicap se surimpose à un dualisme qui fait d'une part, que les personnes handicapées se sentent exclues d'elles-mêmes de la vie sociale, en raison même du handicap dont elles sont porteuses. D'autre part, l'impact négatif que le handicap renvoie à l'environnement socioculturel de l'entreprise, obstrue leur perspective d'obtenir un emploi en milieu ordinaire.

### *1°) L'incidence historico-sociologique du handicap*

L'histoire de la perception du handicap varie selon les « cultures sociologiques » au regard de l'acceptation du handicap. Un bref résumé de cette approche permettra de comprendre pourquoi pendant longtemps notamment, en France, les personnes handicapées étaient « quasiment exclues » du champ social. Ainsi, en remontant à la période du Moyen Âge, la conception religieuse du handicap avait une base charitable, c'est-à-dire une attitude de bienveillance et de miséricorde à l'égard des infirmes qui étaient alors confondus avec les pauvres, les miséreux[71].
La peur de prendre le dessus sur cette attitude charitable allait conduire à la mise à l'écart, puis à l'enfermement de cette population composite, y compris les infirmes[72]. Cependant, avec le renouveau de l'anatomie humaine, sous l'impulsion des lumières, les approches chirurgicales devaient introduire une rationalisation dans l'analyse des monstruosités et autres déformations corporelles.
Pourtant, jusqu'à la fin du XIXème siècle, l'exclusion des personnes handicapées ou infirmes était le principe et l'inclusion l'exception. Et ce n'est pas la multiplication de centres d'éducation spécialisés et d'établissements hospitaliers accueillant toutes sortes d'infirmités motrices et mentales qui allait bouleverser la donne. Par ailleurs, un nombre très important de personnes atteintes d'infirmité étaient cachées par les familles pour éviter la commisération publique.
C'est l'essor industriel et les conflits mondiaux qui vont faire évoluer cette approche de charité, de philanthropie et d'exclusion vers une logique de droit à réparation par les employeurs, puis de la nation à travers une législation plus protectrice des droits des victimes de guerre et accidentés du travail.
L'évolution de la perception du handicap sera et est encore marquée par des critères d'appréciation qui varient selon la culture

---

71 La construction de la Salpêtrière à la fin du XVII siècle confirme cet état d'esprit.

72 Cf. *Rapport Fardeau*, op. cit., p. 12.

législative des Etats. Ainsi, on peut, dans un raccourci indiquer que deux modalités principales, avec bien sûr, des variantes, ont conduit les pays qui ont pris conscience de l'intégration sociale des personnes atteintes d'une déficience, à initier des mesures visant à cette fin.

La France par exemple, après le système de l'enfermement, s'est appuyée sur le modèle médico-éducatif avec la création d'établissements spécialisés à la clé. Ce système a été complété par la mise en place d'une approche intégrative fondée sur la discrimination positive, comme par exemple, les mesures en faveur des personnes handicapées à travers la loi de 1975 et de celle de 1987 sur *l'obligation d'emploi* en faveur des travailleurs handicapés. Par opposition, le système de non-discrimination est pratiqué notamment, dans les pays scandinaves ou anglo-saxons. En effet, les pays qui ont choisi ce système, ont voulu privilégier une attitude anti-discriminatoire fondée sur les droits de l'homme. Par conséquent, pour donner une portée contraignante à cette volonté de ne pas exclure les personnes en situation de dépendance, ces Etats ont inscrit dans leurs constitutions les principes qui gouvernent cette non-discrimination. Ainsi, l'intégration est la règle naturelle, tant en milieu scolaire, que professionnel.

Pourtant, on ne doit pas oublier que l'application de ces deux modalités soulève des interrogations sur la portée de leurs exigences quant à la volonté réelle ou non d'intégrer les personnes placées en situation de handicap. Au-delà de la sémantique, peut-on considérer que « non-discrimination » et « discrimination positive » sont les deux faces d'un même projet d'intégration ? A la vérité, on doit admettre que ces notions de discrimination « positive » (action de corriger une différence) et de non-discrimination (action visant à refuser toute différence) induisent des appréciations qui ont une incidence sur l'intensité, voire le volontarisme réel des pouvoirs publics et de la société quant à leur capacité à intégrer au sens large du terme les personnes handicapées. Certes, s'il n'est pas question ici de mésestimer ou de douter du volontarisme des pouvoirs publics, on est objectivement forcé de présenter une analyse qui tienne compte des difficultés que témoigne l'application des textes dans les faits, pour ne pas tomber dans une sorte de discours consensuel, qui en réalité, est porteur de désillusions.

En effet, si la non-discrimination induit un aménagement justifié de l'environnement et nécessairement un traitement préférentiel, peut-on pour autant utiliser le terme de discrimination positive pour désigner ce processus de compensation ou de traitement préférentiel ? Rien n'est moins sûr. D'autant plus que l'expression « discrimination positive » est connotée « négativement » et risque de ce fait, d'être discréditée au regard des actions de compensation. Le terme peut être vécu comme une volonté de couvrir toute politique d'assistance sociale qui ne se soucierait plus du refus de toute discrimination. Ce faisant, sous le même vocable, on pourrait retrouver des dispositifs d'aides justifiées, mais aussi tout un ensemble de dispositifs institutionnels qui vont *a priori* à l'encontre d'une politique de non-discrimination.

Cependant, on peut conclure sur ce terrain que nonobstant ces différences d'approches, il n'y a pas eu de recherches comparatives pertinentes pour mesurer quantitativement, et bien sûr, qualitativement les résultats respectifs. Toutefois, il ressort de l'observation du terrain que les pays scandinaves ont une longueur d'avance sur les autres pays, même si on peut dire que ces deux approches se situent sur des axes différents.

Ce faisant, du passage de l'égalité à l'égalisation des chances, on peut retenir que le système de « quota-levis » imprime une volonté fondamentale de compensation des déficiences alors que le système anglo-saxon met en exergue l'interdiction légale de toute attitude discriminante[73].

---

[73] Pour être encore plus objectif, on a vu par exemple, le Royaume-Uni revenir du système des quotas pour adopter une politique uniquement « non-discriminante ». *A contrario*, au Canada, la loi sur l'égalité en matière de travail, en dehors de précisions sur les attitudes discriminantes, l'exigence de bonne foi demandée aux employeurs, a introduit la demande d'un rapport annuel aux grandes entreprises (plus de 100 employés) pour vérifier que celles-ci ont une main-d'œuvre « représentative » en termes de personnes handicapées et sous peine de lourdes amendes. Sur ce point, voir le *rapport Fardeau*, op. cit., p.169.

Face à ces difficultés recensées, les personnes atteintes d'une déficience se retrouvent face à elles-mêmes du fait de la souffrance morale et psychique induite par le handicap.

### *2°) L'image corporelle et le regard de l'autre*

Il n'est pas surabondant d'indiquer ici que deux difficultés fondamentales s'imposent au niveau de la perception du corps mutilé ; il s'agit d'une part, de la vision personnelle du handicap et d'autre part, de la vision sociale à laquelle renvoie le handicap.
S'agissant en premier lieu de la vision personnelle, elle fait appel à la beauté. Or, cette notion de beauté ne saurait dissocier l'affectif de l'empreinte socioculturelle qu'elle véhicule. Ainsi, un sujet est considéré comme beau, dès lors qu'il est l'objet de toutes les attentions affectives et chaleureuses agréables de la part du corps social et toutes choses qui valorisent le moi. En revanche, le sujet sera considéré comme « exclu », s'il génère des relations sociales froides et distantes, entraînant une répulsion socioculturelle dénigrante.
La beauté n'est pas une valeur objective. En cela, c'est la manière dont le sujet est intégré dans l'histoire relationnelle qui oriente l'émotion esthétique. Par conséquent, l'impression de beauté se construit autour de l'inconscience que suggère l'imaginaire, permettant l'appréciation de l'image symbolique. Ainsi, l'idéal esthétique de chaque sujet est lié aux formes réelles, objectivables, visibles et à l'influence des facteurs extérieurs au sujet. Il y a une interaction entre les visions objective et subjective.
En second lieu, sur le plan sociétal, la vision extérieure ne doit pas être sous-évaluée d'autant plus que l'acceptation de l'invalidité commence à se faire sentir à partir du moment où la personne atteinte d'une déficience se heurte au regard « inquisiteur » de l'autre. Cela se traduit par la difficulté de se déplacer en ville, de ne pas tenir compte du regard fuyant des autres, de répondre à leurs perturbations induites par la gêne, la honte. En d'autres termes, la difficulté de l'autre, face à la personne handicapée, est exprimée comme une difficulté à savoir comment se comporter.

C'est cette attitude que les personnes handicapées condamnent, parce qu'elle exprime une vision d'exclusion. Au demeurant, il est tout aussi difficile d'accepter le regard des autres empreint de pitié, de compassion, voire d'acceptation de la déchéance sans exprimer un sentiment d'agacement profond.
En définitive, il y a une corrélation étroite entre ce qui précède et ce qui va suivre, pour limiter l'offre d'emploi au profit des personnes handicapées.

### *3°) L'impact de l'environnement socioculturel de l'entreprise face au handicap*

Il convient à ce stade de mettre en exergue un faisceau d'indices convergents constituant un *a priori* pour l'insertion des personnes handicapées dans le milieu ordinaire du travail. Et il s'agit d'un effet présomptif quasi « irréfragable » qui se dresse comme une barrière à l'accès des personnes atteintes d'une déficience dans le monde ordinaire du travail. En effet, la perception sociale du handicap telle qu'elle vient d'être décrite, ne permet pas à une personne frappée par le handicap d'intégrer facilement le monde de l'entreprise qui, par ses exigences de modernité sans cesse renouvelées, limite de manière discriminante la capacité des personnes atteintes d'une déficience, de prouver leurs compétences. D'autant plus que faire abstraction en permanence de son handicap, n'est toujours pas commode.
Partant, ces critères sélectifs sont pour ces personnes, un frein à l'embauche, car ils sont « présumés » être porteurs de symboles contraires à toute idée de valorisation du travail dans l'entreprise. D'ailleurs, les entreprises lorsqu'elles décident d'embaucher des personnes handicapées, font appel à la théorie du *bilan coût / avantage*, c'est-à-dire en mesurant les capacités intellectuelles et physiques qu'elles comparent en termes de critères incitatifs ou de critères désincitatifs pour arrêter leurs décisions de recrutement.
Par conséquent, les critères connotés qui caractérisent la situation d'une personne handicapée sont connus (critères désincitatifs) :

- fragilité

- incapacité
- lenteur
- dépendance
- bas niveau de formation et de qualification
- incompétence
- absentéisme

Toutes choses qui s'opposent radicalement à ceux qui sont souvent vantés dans l'entreprise (critères incitatifs) :

- haut niveau de formation et compétence
- performance
- rentabilité
- dynamisme
- mobilité et autonomie
- flexibilité
- mutabilité
- adaptabilité
- polyvalence
- ponctualité

Toutes ces caractéristiques sont autant d'exigences imposées aux personnes handicapées. Ceci a pour effet de réduire abusivement, voire arbitrairement l'efficacité du dispositif issu de la loi du 10 juillet 1987, relatif à *l'obligation d'emploi*.

Ainsi, les politiques d'emploi en faveur des personnes handicapées marquent le pas, en raison de l'absence d'un schéma favorable à la formation, en particulier, depuis la mise en œuvre des contrats d'objectifs assignés aux EPSR, qui dénature d'une certaine manière, les objectifs poursuivis par la loi d'orientation de 1975, dans la mesure où ceux-ci visaient entre autres, l'insertion socioprofessionnelle des personnes déficientes quel que soit leur degré de déficience en milieu protégé. D'autre part, la suppression de certains diplômes, comme par exemple, les CAP au profit des Brevets professionnels, empêche une partie de la population handicapée d'obtenir une formation crédible sanctionnée par l'obtention de diplômes et ainsi, d'accéder à une qualification professionnelle grâce notamment, à la validation des unités de valeurs capitalisables.

Il se déduit de ce qui précède, que les entreprises ne sont pas préparées, elles non plus, à intégrer une politique d'insertion dynamique des personnes handicapées, dans la mesure où elles ne sont pas prêtes pour beaucoup d'entre elles à recevoir ou à maintenir des salariés diminués du fait de leur déficience compte tenu des exigences économiques de l'entreprise. Les personnes handicapées elles-mêmes ne sont pas à l'aise face à la réalité du monde de l'entreprise en raison des attitudes discriminantes à leur égard. Par ailleurs, pour certains, la perception d'une allocation liée au handicap n'incite pas à travailler, d'autant plus que le niveau des salaires qu'ils pourraient recevoir en travaillant pourrait être amputé de l'allocation, puisqu'il n'y pas automatiquement de cumul des revenus. Dans le même ordre d'idées, certaines pathologies handicapantes ne permettent pas objectivement l'insertion en milieu professionnel ordinaire, nonobstant les aménagements qui pourraient être réalisés à cet effet. Cela est corrélé par la situation pécuniaire de certaines personnes handicapées qui, du fait de la perception de différentes rentes liées à la survenance de leur accident ou handicap, n'éprouvent pas forcément le besoin de rechercher un emploi. Il ne s'agit pas ici d'un jugement de valeur, mais d'un choix de vie assumé par ces personnes. Enfin, il faut préciser que les statistiques publiées couramment ne concernent que la catégorie 1 des demandeurs d'emploi, c'est-à-dire des demandeurs répertoriés disponibles sur le marché du travail à temps complet, et à durée déterminée. Or, les catégories les plus touchées (2 et 3), dans lesquelles se trouvent la majorité des personnes handicapées, ne sont pas prises en compte. Ce qui est très réducteur pour mesurer le degré d'insertion professionnelle des personnes handicapées. Dans ces conditions, le travail protégé constitue-t-il une étape décisive de l'insertion socioprofessionnelle des personnes handicapées en vue d'un passage en milieu ordinaire du travail ? Rien n'est moins sûr au regard de la spécificité du travail protégé.

### *C) Le travail en milieu protégé : un outil au service de l'accès à l'emploi ordinaire des personnes handicapées ?*

Si l'intégration des personnes handicapées au moyen d'une discrimination positive telle qu'elle ressort du dispositif de la loi sur *l'obligation d'emploi* pour une intégration professionnelle normale, est la voie de droit commun, le milieu du travail protégé constitue une entité à part entière, dans le domaine de l'insertion professionnelle des personnes handicapées. Par sa spécificité, il a pour vocation d'être un lieu adapté pour l'activité professionnelle de ceux qui sont dans l'incapacité durablement ou momentanément, de tenir un emploi ordinaire.

Cette politique d'intégration professionnelle et de transition souhaitable des personnes handicapées vers l'emploi ordinaire, est illustrée principalement par deux institutions : les centres d'aide par le travail (CAT) et les ateliers protégés (AP). Mais cette politique d'insertion des personnes handicapées à travers les emplois protégés est quelque peu altérée par l'ambivalence du dispositif, dans la mesure où les AP peuvent embaucher des personnes valides à hauteur de 20%. Dans le même ordre d'idées, les CAT peuvent avoir des personnes à capacité de travail supérieure à 30% lorsque celles-ci nécessitent un soutien médico-psychologique important et régulier, également dans la limite de 20%. Par conséquent, il convient de faire une présentation de ces entités spécifiques de l'insertion socioprofessionnelle des personnes handicapées, avant de voir les difficultés qu'elles soulèvent, au regard de l'un des objectifs implicites qui leur sont recommandés, à savoir celui de permettre une évolution dans la mesure du possible de leurs usagers vers le milieu ordinaire du travail[74].

---

[74] Pour une étude comparative, en matière de travail protégé, voir le *rapport Fardeau* précité.

### *1°) Le milieu de travail protégé*

La mise en place des ateliers protégés et des centres d'aide par le travail répond à un même souci, celui d'apporter une réponse aux difficultés des personnes se trouvant en situation de handicap d'avoir un emploi, afin de les faire évoluer dans la mesure du possible vers le milieu ordinaire du travail. Par conséquent, il s'agit d'une approche alternative d'un même problème, à savoir l'insertion socioprofessionnelle des personnes handicapées soit en CAT soit en AP.

Cependant, avant de présenter les instruments de la politique en milieu de travail protégé au sens strict du terme, il convient de préciser qu'entre emplois ordinaires et emplois protégés, il existe des emplois de droit commun exercés par les travailleurs handicapés dont le niveau de productivité justifie des abattements de salaire (de 10%, 20% ou de 50%) compensés par une intervention de l'AGEFIPH afin d'assurer des rémunérations comprises entre 100% et 130% du SMIC.

#### *a) Les centres d'aide par le travail : entre le social et l'économique*

Les CAT se définissent à la fois comme entités de mise au travail, parce que support d'une activité productive et une structure médico-sociale, en raison des activités de soutien psycho-éducatif et médico-social qu'ils dispensent. C'est d'ailleurs cette dernière vocation qui leur vaut en grande partie la non-application du code du travail. Ainsi, la mission médico-sociale est prioritaire, car l'application du droit travail pour des personnes aussi fragilisées, est incompatible par exemple, avec le lien de subordination qui encadre tout contrat de travail et par conséquent, risque d'entraîner une chaîne de rupture contractuelle, en raison précisément des problèmes comportementaux dans le cadre des relations de travail ou, comme par exemple, l'absentéisme. Cela dit, il importe qu'il y ait une évolution de leur statut, au moins en termes de représentativité. En tout état de cause, le débat reste ouvert.

Les CAT accueillent les personnes handicapées âgées d'au moins 20 ans dont le rendement de travail ne dépasse pas le tiers de celle d'un travailleur valide. Cette orientation est faite exclusivement par la COTOREP.
Le caractère social des activités des CAT se déduit du soutien varié dont bénéficient les personnes handicapées admises, en termes d'éducation, de formation au travail, d'aide psychologique, d'initiation à la vie quotidienne et de l'ouverture sur le monde extérieur.
Les activités professionnelles sont diversifiées, soit sous forme d'ateliers classiques *intra muros* au sein de la structure, soit à travers des formules de travail protégé plus souples, qualifiées de « semi-protégé » tels que les détachements individuels ou collectifs, les ateliers intégrés en entreprise…
Les dépenses à caractère social sont financées sur fonds d'Etat au moyen d'un budget principal d'activité sociale (BPAS). Au surplus, les CAT disposent d'un budget dit économique (BE), qui résulte des ressources générées par l'activité de production. Ces ressources financent en partie les rémunérations des travailleurs handicapés, ainsi que les dépenses à caractère commercial. Il s'agit en l'occurrence, du budget annexe de l'activité de production et de commercialisation (BAAPC).
Une précision importante est à faire : les usagers des CAT n'ont pas le statut de salariés en dépit du fait même que certaines dispositions du code de travail leur sont applicables (conditions d'hygiène et sécurité, médecine du travail).
Enfin, il importe de savoir que dès lors que le travailleur handicapé a effectué sa période probatoire (essai), il bénéficie de la garantie de ressources sous forme d'un complément de rémunération assuré par l'État[75] qui vient s'ajouter au salaire direct versé par le CAT grâce au chiffre d'affaires économique. Qu'en est-il des ateliers protégés ?

---

75 Cette garantie est composée d'un salaire direct de 5 à 15% du SMIC et du complément versé par l'Etat qui varie entre 55 et 110% du SMIC. La grande majorité perçoit, en plus, l'AAH à taux partiel.

*b) Les ateliers protégés : entreprise à « but non lucratif »*

Les ateliers protégés reçoivent les personnes handicapées orientées par la COTOREP dans les mêmes conditions que celles des personnes admises dans les centres d'aide par le travail. Au surplus, ils peuvent recruter des travailleurs valides à concurrence de 20% des effectifs.

Ils sont créés par une collectivité, un organisme public ou privé[76] après agrément du préfet de région .

Il s'agit de véritables entités économiques de production. Les personnes handicapées admises ont, contrairement à celles des CAT, le statut de salariés avec l'application du code du travail.

L'essentiel de leurs ressources provient de la vente de leur production. L'État ne leur verse qu'une subvention annuelle moyenne de 1 400 Euros par salarié pour compenser le surcoût lié à l'emploi de travailleurs handicapés.

Les ateliers protégés rémunèrent théoriquement leurs salariés de la manière suivante : un salaire composé d'un salaire direct soit 35% du SMIC et d'un complément de rémunération assuré par l'État, qui varie entre 90 et 130% du SMIC. Toutefois, un correctif s'impose aux dires mêmes de certains des gestionnaires de ces établissements pour être plus précis dans l'application concrète du mécanisme de la garantie de ressources. En effet, ceux-ci estiment qu'au-delà des textes, la pratique est la suivante dans les deux types d'établissements : au salaire direct versé soit 15% en CAT et 35% en atelier protégé, s'ajoute un complément de rémunération de 55% du SMIC à la charge de l'État. Or en réalité, l'État ne verse jamais plus de 55% du SMIC. De fait, la garantie de ressources est de 70% en CAT et 90% en atelier protégé. La réglementation permet lorsque le salaire direct est supérieur aux 15% et 35% susmentionnés dans les deux cas de figure, un cumul qui peut atteindre 110% en CAT et 130% en atelier protégé. Le mécanisme peut se décliner de la manière suivante : en atelier

---

[76] A ce titre, certaines associations ont créé des CAT et des ateliers protégés. C'est le cas par exemple, de l'Association des paralysés de France (APF). Selon les statistiques, 95% des AP sont gérés par les associations.

protégé lorsque le salaire direct est supérieur à 45% du SMIC, le complément du salaire est diminué de moitié de l'augmentation de salaire direct. C'est pourquoi l'intervention financière de l'État se termine en biseau et que le cumul de rémunération atteint 130% du SMIC. Le processus est le même pour les CAT, où il peut atteindre 110% du SMIC. En dépit de ces opérations « complexes », on constate une certaine stagnation, voire une certaine difficulté à favoriser la transition vers le milieu ordinaire de travail.
A propos de la garantie de ressources, l'État en a transféré la gestion à l'AGEFIPH, celle-ci a contribué en 2000, au remboursement partiel des employeurs pour 10 500 travailleurs handicapés dans le cadre d'un contrat à durée déterminée pour 93% d'entre eux[77].
Considérés comme des établissements favorisant l'intégration des personnes handicapées en milieu de travail protégé, les CAT après plusieurs dizaines d'années d'existence[78], ainsi que les ateliers protégés, --dont on souligne davantage le caractère « productiviste »--, sont mis sur la sellette en raison des résultats mitigés au regard de l'objectif visant à conduire un nombre raisonnable de personnes handicapées vers le milieu ordinaire de travail. Dès lors, malgré le fait que les centres d'aide par le travail et les ateliers protégés remplissent une fonction sociale importante : former et associer à la production de richesses nationales les personnes handicapées, des critiques ont été adressées à ce système d'intégration.

### *2°) Les difficultés soulevées par le travail en milieu protégé*

Les regards portés sur le milieu du travail protégé[79] demeurent particulièrement divergents, voire univoques. Certains ne sont pas loin de penser excessivement qu'il s'agit d'une intégration au

---

77 Cf. Rapport AGEFIPH, 2000.

78 Leur naissance date du décret du 2 septembre 1954.

79 Pour une analyse détaillée du travail protégé, cf. D. Velche, *l'emploi des personnes handicapées*, Données sociales, Paris, CTNERHI, 1995.

rabais. D'une part, s'agissant des CAT, ils expriment une ambivalence collective face au couple intégration-institutions et social-économique[80] alors que le climat culturel semble-t-il, est plus défavorable en Europe, aux services sociaux collectifs, censés restreindre les droits et les libertés des individus dépendants ou en difficulté.

Contestés déjà dans les années soixante par le rapport Bloch-Lainé, qui préconisait au nom d'une réduction forcément indispensable de leurs coûts, de les fondre avec les ateliers protégés, le tout constituant un établissement unique de travail protégé. Malgré tout, et à juste titre, les CAT se sont développés de manière autonome, en dépit du fait que l'État ne leur a pas donné les moyens matériels et financiers nécessaires, en vue de réaliser pleinement l'un de leurs objectifs, à savoir la possibilité raisonnable de conduire leurs usagers vers l'emploi en milieu ordinaire de travail. Par conséquent, on ne saurait leur demander l'impossible de ce point de vue.

Aujourd'hui, selon des statistiques à peu près concordantes[81], le secteur des CAT est beaucoup plus important que celui des ateliers protégés (550 établissements et 18 000 places pour les AP ; 1 300 établissements et 90 000 places pour les CAT.

La question est de savoir si les établissements de travail protégé ont véritablement atteint leurs objectifs. A cet égard, on ne peut répondre par la négative, si on n'a pas pris le soin de bien disséquer l'ampleur de la tâche en ce qui concerne particulièrement l'orientation vers l'emploi en milieu ordinaire. Ainsi, si l'on ne s'appuie que sur les statistiques, seulement 1%, voire tout au plus 2% des travailleurs des CAT et des ateliers protégés trouvent chaque année un emploi en milieu ordinaire, on est conduit à répondre négativement[82]. En d'autres termes, la critique fondamentale faite aux établissements de travail protégé

---

80 Il faut à cet égard, préciser que la France n'a pas voulu choisir entre ces deux termes, elle les a utilisés de manière différenciée et parallèle.

81 Cf. Le rapport d'activité annuelle de l'AGEFIPH , 2000 et le rapport Fardeau, 2001.

82 Ces chiffres proviennent entre autres, du *Rapport Fardeau*, op. cit.

notamment, les CAT, est d'être particulièrement ségrégatif, puisque l'une de leur missions consistant à favoriser l'insertion professionnelle des personnes handicapées vers le milieu ordinaire, connaît des limites, d'autant plus que le taux de sortie vers le milieu ordinaire reste très faible, voire marginal[83].
Plusieurs raisons à cette désillusion. En premier lieu, on peut à la suite du rapport Fardeau, lister un certain nombre de problèmes qui contribuent foncièrement à limiter l'efficacité du système.
En effet, l'orientation préprogrammée des personnes est faite par les COTOREP : 2/3 de travailleurs en CAT proviennent de l'enseignement spécialisé ; le déficit chronique de places par rapport aux demandes d'orientation COTOREP, correspond aux plans de création de places régulièrement renouvelés (8500 places entre 1999 et 2003). Sans oublier que l'un des paradoxes du système, est la rétention par l'institution des personnes handicapées - censées être les éléments les plus performants des CAT- donc en mesure d'être orientées vers le milieu ordinaire. De surcroît, l'absence de formations professionnelles opérationnelles contribue également à maintenir les travailleurs handicapés, dans une situation de dépendance et désapprentissage.
Le statut des usagers des CAT pose un problème éthique dans la mesure où ces derniers voient le statut de « salarié » leur être nié contrairement à celui des AP et des CDTD (centre de distribution du travail à domicile). Les difficultés économiques auxquelles sont confrontés les ateliers protégés, en raison notamment, de l'adaptation de leur outil de production et de leur personnel d'encadrement, ainsi que l'évolution des marchés, les placent dans une situation de double concurrence, celle des entreprises ordinaires et paradoxalement celle des CAT, qui, eux-mêmes sont exposés à la concurrence de la production des détenus dans les prisons, ainsi que les productions traditionnelles de certains pays en voie de développement[84].
Ces contraintes sont d'autant plus fortes, que le public accueilli en

[83] *Rapport Fardeau*, op. cit., p. 179.
[84] Les problèmes de la mondialisation, ainsi que des délocalisations constituent une pression sur la productivité du secteur protégé.

milieu de travail protégé, est souvent lourdement handicapé, même si on assiste à un mouvement de « balancier » lié au fait que les CAT par exemple, ont tendance à favoriser l'accueil de candidats plus productifs au détriment des plus handicapés. Il convient de relativiser ce mouvement. Le phénomène du « productivisme » crée des biais défavorables à l'insertion vers le milieu ordinaire. De plus, le phénomène est encouragé par le fait qu'un certain nombre de salariés d'ateliers protégés les plus productifs peuvent percevoir parfois plus de 130% du SMIC. Cela est un facteur probable qui limite leur volonté à se diriger vers le milieu ouvert du travail, dans la mesure où les salaires y sont le plus souvent limités au plus, au salaire minimum pour un travail plus contraignant. Cette attitude est confortée par la crainte de certains travailleurs handicapés d'être confrontés aux dures réalités du monde de l'entreprise en milieu ordinaire, car celui-ci exclue en priorité le *maillon faible*. Eu égard à ce qui vient d'être exposé, les personnes handicapées n'en sont pas loin. Dans ce cas de figure le milieu protégé constitue une parade pour certaines personnes handicapées contre les aléas du monde du travail dit ordinaire, dont il est possible de mesurer les résultats concrets, sur le terrain de l'intégration socioprofessionnelle.

Pour alimenter le débat, un livre[85] « enflammé » mais non moins déformant sur la réalité des CAT vient de paraître, dans lequel l'auteur stigmatise à l'excès les supposées dérives financières et humaines dont se rendraient coupables les gestionnaires des CAT. Cependant, son ouvrage a le mérite d'exister parce qu'il met en relief un certain nombre de dysfonctionnements inhérents à toutes organisations sociales sur lesquels la présente réflexion prend également parti. En effet, on peut y lire entre autres que : « nombre de CAT reçoivent des millions de subventions, sous-payent leurs handicapés et font des bénéfices qui ne servent en rien à l'amélioration de ceux qui y travaillent ». Au surplus, l'auteur ajoute : « Si le travailleur handicapé est rentable, donc apte à travailler dans une entreprise normale, le CAT va chercher à le

---

[85] Cf. Pascal Gobry, *L'enquête interdite. handicapés : le scandale financier et humain*, éditons le Cherche-midi, 2002.

garder. Si l'ouvrier est mauvais, on le licenciera purement et simplement ». Enfin, devait-il conclure : « Par ailleurs, un CAT peut couvrir une cascade de sociétés immobilières... Or, la plupart des CAT bénéficiaires vont pourtant payer leurs ouvriers à 5% du SMIC et c'est ça le scandale ». C'est faire peu cas du statut juridique des personnes handicapées orientées en CAT, comme on l'a vu précédemment. Cependant, il importe de préciser que tous les CAT ne sont pas gérés avec autant de laxisme que veut bien dénoncer l'ouvrage précité. Sans doute, il convient de nuancer le propos sous peine de tomber dans la caricature. A cet égard, de l'expérience du terrain s'agissant d'une association gestionnaire de CAT comme l'Association des paralysés de France, le travail protégé est un outil contribuant aux projets individuels et non à une finalité, en favorisant dans la mesure du possible l'exercice d'une activité professionnelle adaptée aux capacités des personnes et en aidant les personnes qui expriment un besoin de préparer un avenir ailleurs, soit vers un milieu moins protégé, soit vers un autre choix de vie. Ainsi, en moyenne, quarante personnes sortent des CAT de l'APF au cours d'une année. C'est pourquoi concentrer l'angle d'attaque contre les CAT, comme le fait l'ouvrage de Pascal Gobry, à travers des ratios et des indicateurs économiques certes pertinents à certains égards, peut être très réducteur de l'action de ces établissements en faveur de l'insertion professionnelle des personnes handicapées qui y travaillent. En tout état de cause, le travail protégé particulièrement dans les CAT garde tout son intérêt et sa vocation, eu égard à la quasi impossibilité d'intégrer une masse importante de personnes lourdement handicapées dans le milieu ordinaire du travail. Et ça c'est un constat objectif au-delà des incantations sur l'intégration à marche forcée des personnes handicapées vers le milieu ordinaire du travail, même si on peut vivement le déplorer. Une première réponse à ce sujet vient d'être donnée par le chef de l'État, en vue de la réforme de la loi de 1975. En effet, le président Jacques Chirac a annoncé le 3 décembre 2002 devant le Conseil national consultatif des personnes handicapées[86] (CNCPH), la création de 3000 places dans les CAT,

[86] Cf. *Actualités Sociales Hebdomadaires*, n° 2288, 6 décembre 2002, p. 5.

et de plus de 2000 places en maisons spécialisées en 2003. Par ailleurs, il est prévu d'augmenter le nombre d'auxiliaires de vie scolaire, celui-ci serait triplé pour être porté à 6000 en 2003. Gageons que ces intentions se traduiront dans les faits, en automne prochain, échéance parlementaire de la réforme préconisée par le président Jacques Chirac.

## SECTION II :
## LES DONNÉES CONCRÈTES DE L'INTÉGRATION SOCIOPROFESSIONNELLE EN MILIEU ORDINAIRE DE TRAVAIL

A ce titre, il convient dans un premier temps, d'essayer de dresser un bilan de l'insertion socioprofessionnelle des personnes handicapées en milieu ordinaire de travail (A). Certes, on n'a pas la prétention de l'exhaustivité, mais cette analyse de l'appréciation de l'application de *l'obligation d'emploi* est significative des réserves que l'on peut faire quant à l'efficacité du dispositif issu de la loi de 1987, dans un second temps (B).

### *A) Une analyse comparative des résultats secteur public/ secteur privé : convergences et ruptures*

Cette étude se fera au prisme d'une analyse croisée de l'application de la loi sur *l'obligation d'emploi* entre le secteur public et le secteur privé.

*In limine litis*, il convient de préciser que deux types de politique d'insertion des personnes handicapées en milieu du travail ordinaire existent à ce jour. Il s'agit de la politique des « quotas », assortie de contributions ou de sanctions financières pour ceux qui ne remplissent pas leur obligation d'emploi, et celle fondée sur l'égalité des droits et de la non-discrimination. A cet égard, la France a fait le choix de l'intégration par le système de quotas qu'illustre fort bien la loi de 1987 sur *l'obligation d'emploi*. Par ailleurs, ce dispositif a été renforcé par la loi contre les discriminations[87] intégrée dans le code du travail à l'article L 122-45 qui étend la liste des motifs discriminatoires à l'apparence physique notamment, ce qui renforce le dispositif de protection des personnes placées dans ces situations. Le texte renforce également les mécanismes de la charge de la preuve, au bénéfice des salariés, auparavant plus favorables aux employeurs, puisque désormais, il appartient au défendeur de prouver que sa décision est justifiée par des éléments objectifs étrangers à toute discrimination. Il revient *in fine* au juge de former sa conviction au besoin après avoir ordonné toutes mesures d'instruction qu'il estime nécessaire à la manifestation de la vérité[88]. Cependant, en dépit du fait que dans la fonction publique, le principe d'interdiction de toute discrimination existe, elle ne prend pas à son compte le régime de la charge de la preuve applicable au secteur privé. Or, en matière d'emploi en faveur des personnes handicapées, l'État garant de la loi sur l'intégration professionnelle des personnes handicapées, se permet de faire moins bien que le secteur privé, bien sûr en relativisant les données chiffrées de ces résultats[89]. Ainsi, la puissance publique, s'agissant de la fonction publique d'Etat, est loin d'avoir rempli ses obligations d'autant plus qu'elle ne compte guère plus de 3% d'agents répertoriés handicapés.

Au contraire des entreprises de droit commun, le secteur public en dehors du secteur semi-public, n'est pas exposé aux sanctions pour le non-respect des obligations nées de la loi du 10 juillet 1987, à savoir le quota de 6% d'emploi de l'effectif total des agents

---

87 La lutte contre la discrimination concerne désormais l'ensemble du déroulement de la vie professionnelle d'autant que jusqu'à présent étaient proscrites les discriminations produites à l'occasion d'un recrutement, d'une sanction ou d'un licenciement.

88 Ce dispositif est conforme à tout point à la jurisprudence de la Cour de cassation et de la Cour de justice des Communautés européennes. Il assure du coup la transposition de la directive communautaire du 15 décembre 1997 relative à la charge de la preuve en matière de discrimination fondée sur le sexe.

89 Au demeurant, les statistiques officielles sont à manier avec beaucoup de précaution selon le rapport sur la politique d'emploi et d'insertion des travailleurs handicapés dans la fonction publique de 1997.

publics. Certes, il convient de faire la part des choses dans le secteur public, puisque la fonction publique territoriale et la fonction publique hospitalière réalisent à elles deux, près de 5% du quota, estimation qui ne prend pas en compte les disparités d'un établissement à l'autre, ce qui reste en dessous des exigences de la loi. Cette différence dans les résultats s'explique d'une part, par le fait que l'État a un niveau de recrutement sélectif par rapport aux deux autres fonctions publiques. En effet, la fonction publique d'Etat recrute en majorité des agents publics qualifiés (catégories A et B)[90] alors que les collectivités territoriales offrent des emplois très peu qualifiés (catégorie C) et qui ont l'avantage de correspondre au profil des personnes handicapées, eu égard à leur manque de qualification. Un exemple caractéristique de la sélectivité du recrutement dans la fonction est offert par l'éducation nationale[91] qui compte à elle seule la moitié des effectifs de la fonction publique avec seulement un taux d'employabilité des personnes handicapées de 2,13%, chiffre de 1997. Ceci a pour effet de baisser le taux d'emploi global des personnes handicapées dans le secteur public en dessous des 4%.

Le secteur privé qui pourtant bénéficie des mécanismes d'incitation prévus par loi, malgré les efforts de l'AGEFIPH sur lesquels on reviendra, ne réalise qu'un peu plus de 4% du quota fixé par la loi. En effet, il ressort de l'analyse des rapports annuels de l'AGEFIPH que le taux d'emploi des unités bénéficiaires « proratisées » se situe en moyenne à 4% l'an. Pour 2000, ce chiffre est de 4,6%[92]. Ainsi, le rapport de 2000 fait état de 164 149 personnes handicapées ayant bénéficié des aides de l'AGEFIHP pour 2,5 milliards de francs d'engagements sur une collecte de 2,1 milliards de francs collectés.

---

90 Même si le recrutement a été étendu à la catégorie C.

91 Sur ce point, cf. l'ouvrage de Remy Frontier, « *Handicap et Fonction publique, apport de la jurisprudence* », l'Harmattan 2000.

92 Cf. Rapport d'activité pour 2000.

Le graphique ci-après donne une image de l'évolution contrastée du taux d'emploi des personnes handicapées.

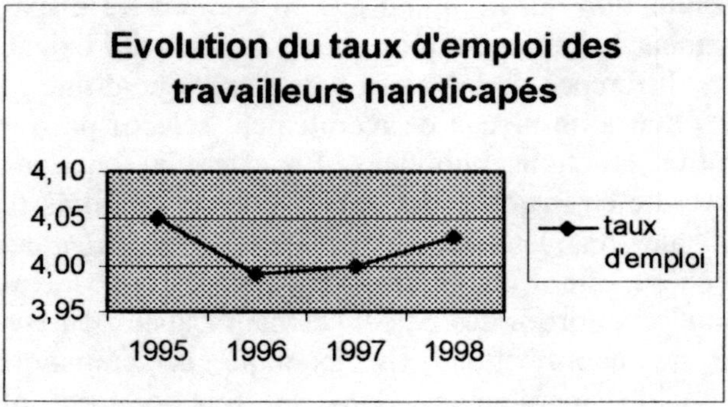


(source DGEFP 1999)

Si l'on va plus loin dans l'analyse des résultats entre le secteur public et le secteur privé force est de constater que les critères qui permettent de mesurer la réalité de *l'obligation d'emploi* diffèrent sur plusieurs points en particulier les modalités de comptage des travailleurs handicapés. Dans ce droit fil, le degré du handicap a une influence sur le taux d'employabilité. Ce faisant, chaque bénéficiaire du dispositif de la loi de 1987 compte pour une seule unité dans la fonction publique alors que dans le secteur de droit commun (secteur privé) le système connaît une pondération qui tient compte de la gravité du handicap, de l'âge... A titre d'exemple, dans une entreprise privée de 100 salariés qui recrute une personne handicapée (1 unité) de catégorie C, donc plus lourdement handicapée comptera pour (1,5 unité) et si on prend en considération l'âge de la personne 50 ans (+ 0,5 unité) sera créditée de trois unités, voire plus. De ce fait, elle réalisera grâce à une seule embauche la moitié de son obligation. En revanche, un service de l'État d'un même niveau d'effectif devra en recruter trois pour arriver au même « résultat comptable » au regard de *l'obligation d'emploi*. Au surplus, les administrations publiques à la différence des entreprises privées ne peuvent pas retrancher de l'assiette de calcul du taux d'employabilité certaines catégories de

personnels dans lesquelles il ne peut être, par définition, recrutés de travailleurs handicapés[93]. Une autre différence entre les deux secteurs peut se mesurer au niveau du critère du rendement professionnel qui permet par exemple, aux entreprises privées de réduire le salaire du travailleur handicapé lorsque celui-ci n'est plus en capacité de réaliser le rendement que l'entreprise attend de lui. Un tel dispositif n'est pas applicable dans la fonction publique.
A *contrario*, la fonction publique prenait en compte les anciens militaires qui occupaient les emplois réservés dont la récente suppression constitue un juste retour des choses.
En définitive, deux considérations permettent de démontrer la faiblesse des résultats dans les deux secteurs. En premier lieu, dans la fonction publique le critère de l'élitisme est la source fondamentale du « rejet » de toutes formes de déficiences, dans la mesure ou l'élitisme est incompatible avec l'intégration des personnes handicapées. Ceci a pour conséquence des modalités essentielles de recrutement très sélectifs, comme les concours dans lesquels les candidats handicapés doivent faire leurs preuves comme les valides. Parallèlement, dans le secteur privé, la même sélectivité dans l'embauche des travailleurs handicapés sous une autre forme s'impose avec les critères différents comme ceux du rendement, de disponibilité et d'adaptabilité des salariés, mais aboutissant aux mêmes résultats, à savoir l'exclusion des personnes handicapées du monde du travail ordinaire[94].

### *B) Les avatars de l'intégration socioprofessionnelle des personnes handicapées : les biais défavorables à* **l'obligation d'emploi**

Au-delà des difficultés intrinsèques liées aux incidences du handicap sur l'intégration des personnes handicapées en matière professionnelle, il importe d'analyser sur le fond les problèmes que soulève *l'obligation d'emploi* au sens juridique du terme pour

93 C'est le cas des pompiers, coursiers , ambulanciers…
94 Cf. supra, Chapitre I, section I.

mieux saisir le caractère impressionniste des résultats obtenus. Or de l'ambiguïté de la loi, on perçoit tout de suite les failles du dispositif qui permettent de tempérer fortement les effets de *l'obligation d'emploi* au regard de l'objectif poursuivi : l'intégration socioprofessionnelle des personnes handicapées. Ceci permettra de mettre en exergue les contours du caractère ambivalent de *l'obligation d'emploi* en tant qu'obligation de résultat. Dans cette perspective, on s'intéressera aux deux notions que sont l'obligation de résultat et l'obligation de moyens ; deux principes du droit des obligations aux conséquences juridiques contradictoires. Or, la loi du 10 juillet 1987, en posant le principe d'une obligation de résultat pour les entreprises assujetties à *l'obligation d'emploi*, écartait semble-t-il l'obligation de moyens que la puissance publique accordait aux entreprises pour engager en leur sein des personnes handicapées. En effet, c'est le lieu de rappeler ici que la réforme issue de la loi du 10 juillet 1987 à propos de l'insertion professionnelle des personnes handicapées visait précisément à substituer à des obligations de procédures une obligation de résultat. Dans les régimes antérieurs, *l'obligation d'emploi* se déclinait de la manière suivante : réservation d'un pourcentage de postes, avec priorité d'examen des candidatures présentées par l'Agence nationale pour l'emploi (ANPE). Dans ce schéma, les entreprises devaient désigner les emplois qu'elles réservaient à concurrence du quota imposé. L'envoi de ces déclarations valait offre d'emploi pour le nombre de postes réservés de l'entreprise encore vacants. Il existait un « délai de forclusion » de 15 jours. En effet, si à l'expiration de ce délai, c'est-à-dire la fin du quinzième jour suivant la réception de la déclaration annuelle ou de la déclaration de vacance de poste, l'ANPE présentait des candidats à l'employeur, celui-ci était tenu alors de les engager à l'essai. A défaut de présentation de candidats par l'ANPE, l'entreprise recouvrait sa liberté d'embauche au regard de *l'obligation d'emploi*[95]. *A contrario*, tout employeur qui

---

[95] L'efficacité de ce système dépendait de l'existence d'un dispositif de placement capable de proposer rapidement des candidats aux entreprises dans le délai imparti.

ne respectait pas le dispositif, était soumis à une redevance recouvrée par le Trésor public. On le voit bien ce dispositif pour être contraignant était très lourd et à l'expérience, s'est montré inefficace. C'est pour conjurer ce sort peu favorable à l'intégration professionnelle des personnes handicapées que la loi du 10 juillet 1987 a été adoptée, consacrant ainsi *l'obligation d'emploi* en obligation de résultat pour les entreprises assujetties.

Un détour par le droit des obligations permet de cerner la portée juridique de ces deux notions pour la bonne compréhension de *l'obligation d'emploi* imposée aux entreprises assujetties.

Cette obligation de résultat se décline ainsi : « tout employeur occupant au moins vingt salariés est tenu d'employer, à temps plein ou partiel, des personnes handicapées, dans la proportion de 6% de l'effectif total de ses salariés ».

Sans entrer dans une analyse exhaustive de ces deux notions différentes, il suffira de faire ici la distinction entre l'obligation de résultat et l'obligation de moyens[96]. S'agissant en premier lieu de l'obligation de résultat, le débiteur est tenu de fournir un résultat au créancier. Par conséquent, l'inexécution de cette obligation suffit à engager la responsabilité du débiteur. Par exemple, une obligation de ne pas faire concurrence. Dans cette perspective, les entreprises assujetties à *l'obligation d'emploi* sont tenues d'embaucher des travailleurs handicapés à concurrence de 6% de leur effectif total. A l'inverse, le débiteur d'une obligation de moyens s'engage à mettre en œuvre tous les moyens pour remplir ses engagements vis-à-vis du créancier, mais il ne promet pas un résultat. Par conséquent, sa responsabilité ne saurait être mise en cause que si le créancier prouve sa négligence ou son imprudence.

---

[96] Cette distinction a été reprise par la jurisprudence et avalisée par la doctrine majoritaire. Cf. articles 1137 et 1147 du Code civil.

C'est par exemple, le cas de l'obligation de soin des médecins[97]. Si on s'en tient à cette distinction, on peut classer *l'obligation d'emploi* dans une obligation de faire qui s'impose aux entreprises assujetties qui s'engagent alors à embaucher les 6% de personnes handicapées dans leur effectif total. Or, à vouloir conférer trop de souplesse aux mécanismes de l'insertion professionnelle des personnes handicapées, on constate que cette obligation de résultat s'est dénaturée par les différentes alternatives « compensatoires » que la loi pose elle-même. Ainsi, le système de pondération dans le comptage des personnes handicapées et le caractère compensatoire de la contribution en vue d'atteindre *l'obligation d'emploi*, ont fortement altéré le contenu de l'obligation de résultat à la charge des entreprises assujetties. Partant, on n'est pas loin de l'obligation de moyens, puisque les entreprises soumises à *l'obligation d'emploi* au sens physique du terme, peuvent s'acquitter par différentes modalités que leur suggèrent les alternatives prévues par la loi elle-même à cet effet, comme le montre le tableau ci-après.

Tableau : Poids des différentes modalités de réponse à l'obligation d'emploi*

| Année | Accord | Emploi direc uniquement | AGEFIPH uniquement | Sous-traitance uniquement | Modalités combinées | Total |
|---|---|---|---|---|---|---|
| 1998 | 2 691 | 24 653 | 23 885 | 104 | 28 358 | 79 691 |

(source DGEFP 1999)

* sur la base des 79.691 établissements pour lesquels une information complète est disponible.

---

97 Pour l'arrêt de principe, civ., 20 mai 1936, DP 1936. 1. 88, Conclusions Matter, rapporteur L. Josserand, note EP ; Sirey 1937. 1. 321 ; note A. Breton *; Gazette du palais, 1936. 2. 41 . Grands arrêts, n° 3 :* « attendu qu'il se forme entre le médecin et son client un véritable contrat comportant pour le praticien, l'engagement, sinon, bien évidemment, de guérir le malade, ce qui n'a d'ailleurs jamais été allégué, du moins de lui donner des soins, non pas quelconques...mais consciencieux, attentifs et, réserve faite de circonstances exceptionnelles, conformes aux données acquises de la science... ».

S'il n'est pas inintéressant de permettre aux entreprises assujetties à *l'obligation d'emploi* de s'acquitter de celle-ci par la passation de contrats et marchés passés avec les établissements de travail protégé dans la limite de 50% de l'obligation, en revanche, le caractère incitatif qui la légitime, est de nature à freiner le recrutement au sens « physique » du terme des personnes handicapées, puisque à ce jeu, l'expérience du terrain démontre que les entreprises préfèrent à l'évidence la voie de la « compensation » ou de la « pondération » que d'embaucher directement les personnes handicapées. Ainsi, par exemple, les accords de branche ou d'entreprises ne sont pas suffisamment coercitifs, dans la mesure où la non réalisation des objectifs contenus dans ces accords ne donne pas lieu à des sanctions. Les résultats globaux de *l'obligation d'emploi* l'attestent d'autant plus que ni le secteur privé encore moins le secteur public ne remplissent *l'obligation d'emploi* en termes d'obligation de résultat, conformément aux prescriptions de la loi du 10 juillet 1987. Cependant, l'obligation de résultat pose plus de difficultés d'interprétation que l'obligation de moyens. Par exemple, si les obligations de donner ou de ne pas faire sont des obligations de résultat plus faciles à démontrer, *a contrario*, les obligations de faire sont plus difficiles à classer. Il en est ainsi, en matière de responsabilité médicale, dans laquelle la jurisprudence semble parfois admettre une certaine obligation de résultat à la charge des médecins, notamment les chirurgiens-dentistes. En tout état de cause, l'application de l'obligation de résultat en matière d'emploi des personnes handicapées telle qu'elle résulte de la mise en œuvre effective de la loi du 10 juillet 1987, mérite une réflexion approfondie sur la portée des deux notions évoquées à l'instant, au regard des modalités d'application de la loi précitée. Les tableaux ci-après donnent une vue de la répartition des établissements assujettis à *l'obligation d'emploi*.

Tableau : Répartition des établissements assujettis selon les modalités de réponse à l'obligation légale*

| Travailleurs handicapés (TH) | Modalités retenues pour satisfaire à l'obligation d'emploi (OETH) | 1998 | |
|---|---|---|---|
| | | Effectifs | % |
| Aucun TH | Accord | 635 | 0,8 |
| | Versement AGEFIPH + sous-traitance | 5 513 | 6,9 |
| | Versement AGEFIPH uniquement | 23 885 | 30,0 |
| | Sous-traitance uniquement | 104 | 0,1 |
| | Total | 30 137 | 37,8 |
| Avec des TH | Accord | 2 056 | 2,6 |
| | TH + versement AGEFIPH + sous-traitance | 6 194 | 7,8 |
| | TH + versement AGEFIPH uniquement | 10 293 | 12,9 |
| | TH + sous-traitance uniquement | 6 358 | 8,0 |
| | TH uniquement | 24 653 | 30,9 |
| | Total | 49 554 | 62,2 |
| Total | | 79 691 | 100,0 |

(source DGEFP 1999)

* sur la base des 79.691 établissements pour lesquels une information complète est disponible.

Dans le même ordre d'idées, l'influence négative des mesures alternatives, a pour effet de permettre à nombre d'entreprises d'opter de préférence pour l'acquittement de la contribution que d'engager des personnes handicapées, ce qui leur permet de façon différente, mais non pertinente d'atteindre l'obligation de résultat que constitue l'emploi de 6% de personnes handicapées dans leur effectif global par d'autres moyens, il est vrai par la permission de la loi, s'agissant des exonérations partielles que celle-ci donne aux entreprises assujetties à *l'obligation d'emploi* pour compenser la gêne que pourrait constituer l'embauche au sens physique d'une personne handicapée.

Tableau : Répartition des établissements assujettis selon qu'ils emploient ou non des travailleurs handicapés et selon qu'ils recourent ou non à la sous-traitance :

| | 1996 (en milliers) | 1997 (en milliers) | 1998 (en milliers) | Evolution 96-98 (en %) |
|---|---|---|---|---|
| Nombre d'établissements employant des travailleurs handicapés | 53,0 | 53,2 | 53,9 | 1,7 |
| Nombre d'établissements n'employant aucun travailleur handicapé | 36,6 | 35,8 | 37,5 | 2,5 |
| Nombre d'établissements ayant recours à la sous-traitance | 19,4 | 20,4 | 21,7 | 11,9 |

(source DGEFP 1999)

C'est ici qu'apparaît toute l'ambivalence de *l'obligation d'emploi* que par ailleurs, d'autres facteurs viennent amplifier. C'est le cas par exemple, des modalités de comptage des travailleurs handicapés[98] ou encore de la notion d'établissement liée aux effets de seuil, qui limitent la portée *l'obligation d'emploi*, puisque celle-ci ne s'applique seulement qu'aux établissements d'au moins 20 salariés. De ce fait, une entreprise à établissements multiples de moins de 20 salariés peut se voir ainsi exonérée alors que l'effectif global de l'entreprise est supérieur à 20 salariés.

Enfin, le paradoxe vient de ce que l'État lui-même s'exonère de ses obligations, puisque le mécanisme d'astreintes prévues pour les entreprises de droit commun, ne lui est pas opposable. La conséquence immédiate de cette situation est qu'elle pénalise l'embauche potentielle d'agents handicapés dans la fonction publique.

---

[98] Cf. supra, première partie.

Mais au-delà de ces critiques nécessaires à la prise de conscience collective sur l'intégration socioprofessionnelle des personnes handicapées, il serait injuste de ne pas remettre les choses à leur place, comme le fait par exemple, la présidente de l'Association des paralysés de France, Marie- Sophie Desaulle, en ces termes : « *Mettre en débat la participation des personnes en situation de handicap dans la société, et notamment, la participation par le travail oui ! Le faire sous forme de polémique en mettant en accusation globalement les associations, tous les parents, celles et ceux qui se mobilisent et consacrent du temps pour trouver des réponses adaptées : non !* ». C'est pourquoi, en tenant compte du progrès que constitue l'existence même de la législation sur *l'obligation d'emploi* en leur faveur, nonobstant les problèmes non ou mal résolus par le dispositif d'insertion professionnelle, il faudra faire preuve de lucidité et de modération en vue de trouver des solutions qui soient plus conformes aux choix des personnes en situation de handicap.
La canicule qui vient de frapper la France, montre la nécessité de quitter le terrain de la polémique pour régler véritablement les problèmes concrets qui touchent les personnes les plus fragilisées dans notre société, notamment les personnes âgées en situation de handicap. Dans cette perspective, espérons tous ensemble que le débat sur la rénovation de la loi de 1975 prendra en compte les effets négatifs de la canicule de l'été 2003.

## CHAPITRE II :
## L'ÉVOLUTION ET LES PERSPECTIVES NOUVELLES ATTENDUES DE L'APPLICATION DE L'OBLIGATION D'EMPLOI

L'adoption de la loi sur l'emploi des personnes handicapées en milieu ordinaire du travail a constitué en son temps un réel progrès par rapport à l'idée que l'on se faisait de la place des personnes frappées d'une déficience dans la société[99]. On a pu douter du volontarisme de l'État, partant de l'idée que celui-ci s'est désengagé de l'action de l'insertion socioprofessionnelle des personnes handicapées qu'il a pourtant initiée en faveur de l'AGEFIPH, en transférant à celle-ci cette mission étatique essentielle de portée nationale. Toutefois, il n'en demeure pas moins vrai que grâce à ce dispositif, le regard de la société vis-à-vis des personnes handicapées a évolué, même si beaucoup reste à faire encore pour une plus grande acceptation du handicap notamment, dans le milieu ordinaire du travail.

En toute hypothèse, il ne faut pas se voiler la face, il est certain que ni le milieu scolaire ordinaire, encore moins le milieu ordinaire du travail ne pourront accueillir en leur sein tous les types de handicap notamment, en fonction de leur gravité. C'est pourquoi, le discours sur l'intégration sociale des personnes handicapées doit être mesuré et ciblé, si l'on ne veut pas engendrer de nouvelles désillusions. Cependant, le progrès social accompli dans le monde ordinaire du travail peut être mesuré à travers l'action de l'AGEFIPH et par une certaine reprise du volontarisme étatique pour dynamiser l'insertion socioprofessionnelle des personnes handicapées (Section I). Cette réactivation des mécanismes de l'intégration socioprofessionnelle en faveur des personnes handicapées passe par la nécessité de promouvoir un outil de formation performant tant au niveau scolaire que professionnel

[99] Cf. supra, introduction générale.

(Section II). A cet égard, la loi du 2 janvier 2002 sur la rénovation de l'action sociale donne les clés pour une meilleure qualité des services rendus aux usagers des établissements sociaux et médico-sociaux à travers la démarche qualité en tant qu'outil d'évaluation et de réponse aux demandes sociales.
Par ailleurs, il n'est pas fortuit de présenter quelques exemples empruntés au rapport Fardeau, de ce qui se fait à l'étranger en matière d'insertion socioprofessionnelle en faveur des personnes handicapées notamment, dans les pays anglo-saxons et scandinaves (Section III).
Cette réflexion serait incomplète si à la suite des nombreuses réserves, voire critiques émises sur l'efficacité du dispositif d'insertion socioprofessionnelle des personnes handicapées, elle ne faisait pas l'objet de propositions sous forme de catalogue, visant à améliorer le dispositif (Section IV), en espérant que ce vent de dynamisme sera renforcé par le discours présidentiel. En effet, le président de la République, Jacques Chirac fait de la lutte contre l'exclusion des personnes handicapées, l'une des priorités majeures de son quinquennat (2002 / 2007).

## SECTION I :

### UNE CERTAINE VOLONTÉ DE RÉACTIVER LE MÉCANISME D'INTÉGRATION SOCIOPROFESSIONNELLE EN FAVEUR DES PERSONNES HANDICAPÉES

Si les lois adoptées en 1975, 1987 et 1991 apparaissent comme l'aboutissement d'une prise de conscience en faveur de l'intégration sociale des personnes handicapées, pour autant elles n'en constituent pas moins le point de départ d'évolutions nouvelles, qui participent d'une volonté collective d'améliorer le sort des personnes handicapées.
Pourtant, face à un bilan mitigé de l'emploi des personnes handicapées en milieu ordinaire du travail et une stagnation dans le secteur public, on ne saurait faire l'économie des progrès accomplis en la matière. A cet égard, il importe ici de souligner,

voire de mettre en exergue la contribution fondamentale de l'AGEFIPH[100] (A) en tant qu'organisme chargé par la loi de gérer les fonds recueillis en application des contributions liées ou non à la non-exécution des obligations des entreprises soumises à *l'obligation d'emploi*. L'État de son côté, a pris un certain nombre de résolutions visant à améliorer son implication dans la mise en œuvre effective de *l'obligation d'emploi* dans le domaine qui est le sien, c'est-à-dire la fonction publique (B).

### A) *Le dynamisme de l'AGEFIPH au service d'une meilleure intégration socioprofessionnelle en milieu ordinaire de travail*

Il n'est pas question ici de faire l'apologie de l'AGEFIPH, mais de montrer objectivement que ses interventions ont permis d'améliorer la situation d'emploi des personnes handicapées tout en pointant quelques dysfonctionnements qui, sans être insurmontables, n'en constituent pas moins une gêne pour le mécanisme d'insertion des personnes handicapées.

Sans retracer l'étendue des actions menées par l'AGEFIPH depuis sa création pour l'intégration professionnelle des travailleurs handicapés[101], il s'agira simplement de mettre en perspective la stratégie de cette dernière dans l'accomplissement de sa tâche qui consiste après tout, à accompagner l'insertion des personnes handicapées dans le milieu ordinaire du travail. Pour ce faire, on partira d'une part, de l'affirmation d'une stratégie adaptée à l'évolution des problématiques de la prise en charge du handicap dans le monde de l'emploi ; d'autre part, on mettra l'accent sur ce qui nous semble être sa force, la coordination partenariale, un véritable outil au service de l'efficacité de l'action en faveur de l'intégration socioprofessionnelle des personnes handicapées. Toutefois, ce dynamisme connaît quelques ratés, d'autant plus que

---

100 Sur le statut et les missions de l'AGEFIPH, supra, première partie.

101 Pour une analyse assez détaillée de l'action de l'AGEFIPH, cf. le rapport sur ses dix premières années d'existence publié en 1997, chez l'Harmattan.

le dernier rapport de la Cour des comptes pour 2002, vient de mettre en exergue les limites des missions de l'AGEFIPH, en vue d'atteindre l'objectif posé par la loi, à savoir l'embauche de 6% des effectifs des entreprises de plus de 20 salariés, des bénéficiaires de la loi, en estimant au passage l'ampleur des réserves constituées par l'AGEFIPH jusqu'à une période récente ; réserves qui s'élevaient selon la Cour, à plus de 300 millions d'euros, soit plus de 11% de la contribution des entreprises assujetties à l'obligation d'emploi. Cependant, il faut préciser pour la bonne compréhension, que ces fonds mis en réserve, servent entre autres, de provisions pour la prise en charge des engagements liés notamment, au financement de la GRTH.

### *1°) L'affirmation d'une stratégie adaptée à l'évolution des problématiques du handicap face au monde du travail*

Pour réaliser la mission qui lui a été confiée par le législateur, à savoir la collecte et la gestion des fonds au profit de l'intégration socioprofessionnelle des personnes handicapées, l'AGEFIPH a dû se construire une légitimité incontestée auprès de ses partenaires et des personnes handicapées bénéficiaires du dispositif.
Cette volonté d'accommodation aux attentes et aux besoins, ainsi qu'à *l'obligation d'emploi* était et doit être au cœur de la réflexion des dirigeants de l'institution au risque de leur enlever toute crédibilité.
Le fondement de sa stratégie va alors se forger autour d'un consensus dynamique permettant de construire des logiques d'intervention et des outils conformes aux aspirations de ses partenaires.
Pour donner plus d'efficacité à son action, la position centrale de l'AGEFIPH dans le dispositif de l'insertion professionnelle des personnes handicapées lui confère un rôle de régulation et d'impulsion dans sa mission visant à intégrer les personnes handicapées en milieu de travail ordinaire. En effet, avant l'adoption de la loi du 10 juillet 1987, les acteurs qui intervenaient dans la prise en charge du handicap travaillaient en ordre dispersé.

Ce faisant, les partenaires sociaux se sentaient peu ou prou impliqués par l'insertion des personnes handicapées notamment, dans le monde du travail. L'AGEFIPH a su, dès sa création, créer un climat favorable à l'émergence d'une action cohérente de tous les intervenants dans le champ du binôme handicap / travail. Cette vision s'est appuyée sur une démarche fondée sur une concertation élargie en vue de construire une stratégie consensuelle à partir d'une approche financière équilibrée entre la politique de financement et la collecte de ressources à cette fin. Ce challenge n'était pas gagné d'avance compte tenu de l'opposition entre deux logiques, la logique de l'entreprise fondée sur le productivisme et la rentabilité économique et financière et la logique sociale sous-entendue par la compensation du handicap et soutenue par les associations de personnes handicapées et autres structures de prise en charge du handicap. Sans avoir globalement atteint les objectifs qui lui sont assignés par loi, les résultats obtenus sont certes mitigés, mais encourageants. Au demeurant, il importe d'indiquer que ces résultats ont été possibles grâce une approche partenariale dynamique et attractive.

### *2°) Une politique de partenariat particulièrement dynamique*

Cette politique partenariale dynamique s'appuie sur réseau d'intervenants qui relayent l'action de l'AGEFIPH sur le terrain. Il en va ainsi, du réseau CAP emploi dont on a déjà vu le rôle visant à guider les entreprises dans le recrutement, le reclassement et l'accompagnement des travailleurs handicapés. Ce réseau compte 118 structures privées (EPSR et OIP) financées pour l'essentiel par l'AGEFIPH, auxquels viennent s'ajouter dix-sept EPSR publiques.
Leur mission est de faire converger les besoins des entreprises et les compétences des personnes handicapées qui recherchent un emploi en milieu ordinaire. Cette mission prend toute sa signification dans le fait qu'elle se déploie dans le cadre d'une mission de service public.
Cette action trouve son prolongement dans les relations que l'AGEFIPH a su nouer avec ses partenaires sur une base

contractuelle. Ceci se traduit concrètement par :

- la convention d'objectifs entre l'État et l'AGEFIPH ayant un caractère pluriannuel (1999/2003) visant à renforcer la politique d'insertion professionnelle en faveur des personnes handicapées. Cette convention vient en appui au programme ordinaire de l'AGEFIPH, ainsi qu'a son programme exceptionnel triennal 1999/2001 d'un montant de 1, 5 milliards de Francs[102].
- les programmes départementaux d'insertion des travailleurs handicapés (PDITH), initiés au début des années 90 par l'AGEFIPH et l'État. Les PDITH constituent un cadre structurant pour la politique départementale concertée pour l'insertion des personnes handicapées en milieu ordinaire du travail. L'objectif étant à partir d'un centre de décision unique, de faire converger les besoins de tous les acteurs locaux en faveur de l'intégration. Les PDITH sont situés dans chaque département sous la responsabilité d'un Comité de pilotage, présidé par le préfet. L'AGEFIPH y participe en tant que membre de droit.
- la mise en place des schémas régionaux de la formation professionnelle en accord avec l'État et les régions. Ces schémas ont pour vocation d'accueillir des personnes handicapées dans les dispositifs ouverts (ordinaires) de formation professionnelle et d'apprentissage[103].
- les trois conventions de collaboration passées respectivement avec l'ANPE, l'AFPA et l'ANACT ont pour objet de renforcer la coopération entre l'AGEFIPH et ses partenaires au plan national avec une déclinaison au plan régional et départemental. D'une part, elle renforce la collaboration de l'ANPE avec le réseau CAP emploi pour une meilleure information du public handicapé[104]. D'autre part, la convention avec l'AFPA permet d'asseoir une meilleure orientation des

---

102 Pour l'heure, on ne dispose pas d'éléments significatifs pour mesurer les effets globaux de cette politique partenariale entre autres avec l'Etat.

103 L'AGEFIPH a mobilisé 17, 5 MF en 2000, au titre des schémas régionaux

104 La coopération avec l'ANPE, s'est soldée pour 2000, à 27 MF.

personnes handicapées vers des formations qualifiantes sur le dispositif AFPA. Enfin, grâce à la convention avec l'ANACT, l'AGEFIPH s'est donnée les moyens d'une expertise en termes diagnostic-conseil en direction des entreprises et une expertise en matière d'ergonomie en vue notamment, d'une meilleure adaptation ou aménagement des postes de travail[105].

Les résultats de cette action en étroite relation avec les différents partenaires est la suivante en 2000 : 135 000 demandeurs d'emploi à la recherche d'un emploi à temps plein contre 147 000 en 1999, soit une baisse de 8,1%.

Ce résultat doit être relativisé en raison de la réserve faite précédemment sur les critères d'analyses statistiques selon les catégories de demandeurs d'emploi chez les personnes handicapées[106]. Ainsi, l'AGEFIPH estime à 107 000 personnes le nombre de travailleurs handicapés ayant obtenu un emploi en milieu ordinaire en 2000, soit une hausse de 9% sur un an[107].

Enfin, l'AGEFIPH a aidé 10 000 entreprises à maintenir des personnes handicapées dans leur emploi, ainsi que le financement de 2058 personnes handicapées à créer leur propre activité.

Le tableau qui suit permet de visualiser les caractéristiques socioprofessionnelles des travailleurs handicapés.

---

105 La convention avec l'ANACT, a porté sur un montant de 2, 8 MF en 2000.

106 Cf. supra, chapitre I.

107 Cf. Rapport 2000, p. 5.

Tableau : % de travailleurs handicapés par tranches d'âge

| Ancienneté dans l'entreprise | Ensemble des salariés des établissements de 20 salariés et plus | | Travailleurs handicapés | | | | | |
|---|---|---|---|---|---|---|---|---|
| | | | | Selon le sexe | | Selon la catégorie de handicap | | |
| | Total | Plus de 40 ans | Ensemble des TH | Hommes | Femmes | COTOREP | Accidents du travail | Invalides pensionnés |
| Moins de 24 mois | 20% | 8% | 10% | 9% | 10% | 17% | 2% | 1% |
| 2 à 4 ans | 15% | 8% | 9% | 9% | 9% | 14% | 4% | 2% |
| 5 à 9 ans | 20% | 14% | 15% | 14% | 15% | 19% | 11% | 8% |
| 10 ans et plus | 45% | 70% | 66% | 68% | 66% | 50% | 83% | 89% |
| Total | 100% | 100% | 100% | 100% | 100% | 100% | 100% | 100% |

(source DGEFP 1999)

Cependant, ces résultats ne doivent pas faire oublier que des zones d'ombre demeurent, et qu'il convient de les corriger pour donner une efficacité accrue au dispositif d'insertion socioprofessionnelle en faveur des personnes handicapées.

### *3°) Quelques dysfonctionnements induits par le dispositif*

L'une des missions de l'AGEFIPH consiste à favoriser l'insertion professionnelle des personnes handicapées par le biais de mesures incitatives à l'embauche. A ce titre, on peut citer deux exemples : il s'agit d'une part, de la prime à l'insertion et d'autre part, de la garantie de ressources. Or de ce point de vue, la prime à l'embauche et la garantie de ressources jouent comme des *plus value à l'insertion*. Ainsi, la prime à l'embauche figure parmi les instruments privilégiés visant à inciter les entreprises assujetties ou non à *l'obligation d'emploi* à engager des travailleurs handicapés en vue de stabiliser leur emploi.
Mais au-delà de cet effet incitatif, ces mécanismes contiennent en germe des vices rédhibitoires à l'insertion professionnelle des personnes notamment, au moment de passer du milieu protégé au milieu ordinaire de travail.

#### *a) L'effet dissuasif de la prime d'embauche*

Concrètement, cette prime consiste pour les entreprises à embaucher des personnes handicapées moyennant le versement en leur faveur d'une prime d'un montant de 1525 Euros soit (10 000 Francs). Parallèlement, les personnes handicapées embauchées sur ce fondement reçoivent quant à eux une aide de 763 Euros soit (5000 Francs)[108].
Cependant, pour que l'entreprise encaisse la prime, celle-ci doit respecter un délai s'agissant du maintien de la personne handicapée à son poste durant 12 mois au moins pour les contrats à

---

108 Le montant de cette prime a changé, cf. supra, première partie, section II.

durée indéterminée hors contrat emploi solidarité (CES).
L'intervention de l'AGEFIPH à cet égard est significative du dynamisme de cette disposition, puisque selon les statistiques fournies par celle-ci, dans son rapport d'activité pour 2000, les entreprises sont très demandeuses de cette mesure d'autant plus que pour l'année précitée, la prime à l'insertion a concerné plus de 32 000 contrats de travail. Ce sont les entreprises qui ne sont pas assujetties à *l'obligation d'emploi* qui se taillent la part prépondérante avec 57% des embauches primées contre 43% pour les entreprises de plus de 20 salariés.

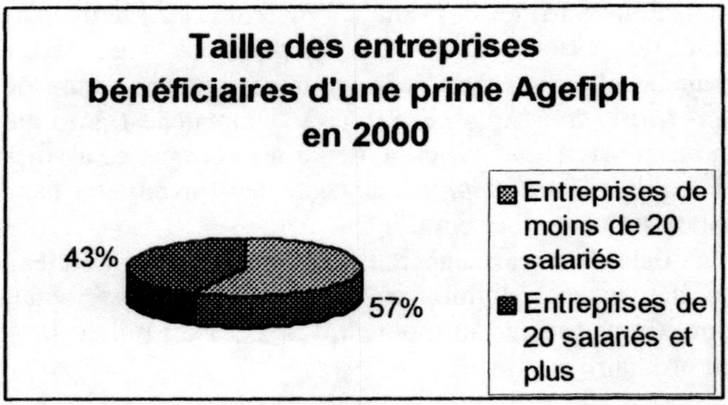


(Source rapport d'activité 2000 Agefiph)

Si l'existence de cette prime n'est pas contestable dans son principe, il n'en demeure pas moins qu'elle peut engendrer un « effet d'aubaine » pour certaines entreprises qui ont pour objectif d'engranger la prime sans pour autant respecter l'objectif de stabilisation de l'emploi des personnes handicapées dans l'entreprise. En effet, l'expérience du terrain indique que dans certains cas, les entreprises attendent de toucher la prime suivant le maintien de la personne au-delà des 12 mois requis pour pouvoir bénéficier de la prime, avant d'exercer toutes sortes de pressions qui peuvent parfois revêtir un caractère dolosif pour la personne handicapée afin de l'amener à démissionner de son propre chef. Si de telles pratiques ne sont pas générales, il convient toutefois, d'éviter leur multiplication, surtout lorsqu'elles se cumulent avec les subventions d'Etat ou autres collectivités territoriales dans le cadre des emplois aidées (CES, CEC, et CIE). Au surplus, cette prime n'est pas soumise à des conditions de pérennisation dans l'emploi, elle ne peut être qu'un facteur de précarité pour nombre de personnes handicapées en quête d'un emploi stable.

*b) Les effets pervers de la garantie de ressources*

En effet, on l'a vu dans les développements antérieurs que la garantie de ressources (GRTH) vise à compenser la perte de productivité liée à une importante diminution du rendement professionnel de la personne handicapée. Dans ce cas, la COTOREP peut décider de réduire le salaire du travailleur handicapé dans la limite de 20% à 50% du SMIC[109].

Le versement de cette garantie de ressources est pris en charge par l'AGEFIPH. Par son caractère d'aide financière permanente, elle constitue un instrument de maintien dans l'emploi au profit des personnes handicapées. Mais là où le bât blesse, c'est que cette garantie de ressources entraîne des effets pervers. En réalité, au lieu de les inciter à aller vers le milieu ordinaire du travail, elle tend à les maintenir dans le secteur protégé au regard des ressources « importantes » que ces personnes perçoivent grâce au cumul de la GRTH et de l'AAH, puisque le montant de ce cumul de « rémunération » peut atteindre parfois 130% du SMIC, d'où un effet dissuasif pour ce qui touche à l'accès direct au milieu de travail ordinaire.

Cette situation n'est pas sans effet sur le fait que les établissements de travail protégé aient perdu peu à peu leur vocation de transition vers le milieu ordinaire, surtout lorsqu'elle vient renforcer, *a contrario*, les effets désincitatifs du système allocataire qui freinent également la reprise d'activité lorsque cela est encore possible

---

[109] Ainsi, pour 2000, l'AGEFIPH a remboursé à 10 500 personnes handicapées la GRTH, soit 93% de travailleurs handicapés porteurs d'un contrat à durée indéterminée.

pour certaines personnes porteuses de pathologies handicapantes. En définitive, si ces faiblesses du dispositif sont gênantes pour son efficacité, il convient de ne pas les surestimer ni de sombrer dans un pessimisme excessif. Elles peuvent faire l'objet de retouches visant à leur donner plus de dynamisme pour l'intégration des personnes handicapées vers le monde ouvert du travail. En comparaison, ces difficultés se posent avec plus d'acuité dans le secteur public d'Etat. D'où les réformes internes proposées pour améliorer le dispositif dans ce secteur.

### *B) L'État face à son* **obligation d'emploi** *: de la stagnation à l'ébauche de réformes*

L'application de la loi de 1987 dans le secteur public connaît autant sinon plus de difficultés que dans le secteur privé. Le caractère coercitif des dispositions de la loi s'impose davantage aux entreprises de droit commun, ce qui n'est pas le cas pour l'État notamment, s'agissant de la fonction publique. A ce sujet, on a pu ironiser sur le fait que l'État a abdiqué en transférant ses compétences en matière d'intégration professionnelle des personnes handicapées à l'AGEFIPH. Le fondement de cette abdication est d'une part, l'absence de mécanismes d'incitation visant à favoriser l'embauche des agents publics victimes d'un handicap et, d'autre part, l'occultation de tout mécanisme de sanctions. Ceci a pour conséquence de limiter la portée de *l'obligation d'emploi* dans le secteur public. Face à ce vide juridique, on mesure les résultats de *l'obligation d'emploi* à la charge de la puissance publique.
Pour l'analyse, c'est aussi bien l'absence de résultats pertinents que la lisibilité et la visibilité de la politique d'emploi en faveur des personnes handicapées qui sont en cause ici. D'autant plus que l'État ne s'est pas donné les moyens à travers une stratégie avérée de définir un programme effectif d'embauche en vue d'atteindre l'objectif des 6%. Cependant, face à la critique, l'État loin de se démobiliser tente de reprendre la main. A cet égard, le gouvernement Jospin avait manifesté la volonté d'agir plus

fortement par le biais de directives visant à accroître le recrutement et à favoriser le reclassement des fonctionnaires devenus inaptes en cours de carrière[110]. Plus près de nous, le président de la République, Jacques Chirac en a fait autant, en plaçant le règlement des problèmes touchant au handicap parmi l'une des priorités majeures de son quinquennat.

Mais plus concrètement dans le droit fil de ce volontarisme apparemment retrouvé, c'est surtout la signature du protocole d'accord du 9 octobre 2001 entre l'État et cinq sur sept des syndicats les plus représentatifs de la fonction publique[111], qui a ouvert des perspectives nouvelles en vue de l'accès et du maintien des personnes handicapées dans le secteur public d'Etat.

Sans entrer dans l'économie générale du protocole, il suffira ici d'en exposer ici la quintessence. En effet, celui-ci porte sur les éléments suivants :

- sur l'amélioration du recrutement et du reclassement, un train de mesures portant sur une meilleure préparation des concours, la généralisation du mode de recrutement conventionnel (contrat) avec la titularisation au bout d'un an. Cette procédure remplacera celle qui permettait l'accès par la voie des emplois réservés. Enfin, assurer davantage le reclassement des fonctionnaires devenus inaptes en cours de carrière[112].
- sur la formation continue et les conditions de travail, favoriser l'accompagnement de l'insertion en garantissant de meilleures conditions de travail avec le recours à des spécialistes tels que l'ANACT ou l'AGEFIPH. Assurer également une compensation financière du passage à temps partiel pour des

---

110 Cf. le discours du Premier ministre, L. Jospin devant le CNCPH (Conseil national consultatif des personnes handicapées), janvier 2000.

111 L'Etat était représenté par le ministre de la Fonction publique et de la réforme de l'Etat, M. Michel Sapin et Madame Ségolène Royal, ministre chargée entre autres, des questions relatives aux personnes handicapées. Quant aux syndicats, ils étaient représentés par la CFDT, UNSA, FSU, CGC et la CFTC.

112 Cf. le décret n° 2000-198 du 6 mars 2000 prévoit l'obligation, dans un délai de trois mois, d'offrir au fonctionnaire devenu inapte à l'exercice de son emploi, des possibilités de reclassement.

raisons de santé.

- l'amélioration des procédures spécifiques notamment, le fonds interministériel pour l'insertion professionnelle des travailleurs handicapés[113] dont le montant a triplé, passant de 15 à 43 MF en 2002. Le but du fonds est d'assurer le financement des expérimentations ou des accompagnements des personnes handicapées dans leur travail (aménagements, aides, la formation...). Par la même occasion, faciliter les autorisations d'absence pour les parents d'enfants handicapés.
- la mise en place des plans triennaux de développement de l'emploi et d'insertion des travailleurs handicapés[114] avec des objectifs chiffrés en termes de recrutement de travailleurs handicapés, ainsi que les moyens[115] qui leurs sont assortis en vue d'atteindre ces objectifs[116]. Pour assurer l'efficacité de ce dispositif, un groupe de suivi associant les partenaires sociaux sera constitué pour agréer et évaluer les plans triennaux de développement de l'emploi en faveur des personnes handicapées[117].

Il résulte de tout ce qui précède, la nécessité de faire des propositions d'ensemble en matière de formation professionnelle, en vue d'assurer une plus grande cohérence, et dans l'espoir d'obtenir une efficacité optimale dans la mise en œuvre de *l'obligation d'emploi*.

---

113 Les mécanismes de ce fonds sont décrits dans la première partie, chapitre II.

114 Les personnes concernées par les plans sont, hormis les anciens militaires non titulaires d'une pension d'invalidité et recrutés par la voie des emplois réservés, les bénéficiaires de l'obligation d'emploi tels que définis par les article L. 323-3 et L. 323-5 du code du travail, cf. supra première partie.

115 En mobilisant les dispositifs de recrutement de l'ANPE ou des équipes spécialisées dans le placement des travailleurs handicapés, comme par exemple, le réseau Cap emploi.

116 Les moyens de recrutement seront répartis entre les diverses voies d'accès à la fonction publique.

117 Chaque ministère ou établissement public devait, au 31 décembre 2001, élaborer un plan pluriannuel de 3 ans de développement de l'emploi et d'insertion des travailleurs handicapés.

## SECTION II :
### LA NÉCESSITÉ DE PROMOUVOIR UN OUTIL DE FORMATION SCOLAIRE ET PROFESSIONNELLE PERFORMANT EN FAVEUR DES PERSONNES HANDICAPÉES

Comme on l'a énoncé précédemment, près de 70 % des personnes handicapées ont un niveau d'études inférieur ou égal au CAP. Partant de l'idée qu'une bonne intégration scolaire est le prélude à une bonne intégration socioprofessionnelle, on est d'emblée frappé par les limites objectives de l'obligation éducative dans sa pratique actuelle pour donner une chance aux enfants handicapés d'obtenir un emploi à l'issue de leur scolarité. A ce niveau, un premier écueil se présente quant à l'absorption des personnes handicapées par le milieu du travail ordinaire.

En effet, cette absence de formation de base, dès l'école élémentaire est l'une des causes à l'origine de la quasi exclusion des personnes handicapées du monde ordinaire du travail. Pourtant, la loi d'orientation de 1975 en faveur des personnes handicapées pose le principe d'une obligation éducative pour les enfants handicapées chaque fois que cela est possible. Mais la réalité sur le terrain est tout autre, eu égard aux difficultés d'accès des enfants atteints d'un handicap, dans les établissements scolaires, en raison des problèmes architecturaux, de la lourdeur d'un certain nombre de handicaps, ainsi que de l'impréparation du monde éducatif aux problématiques du handicap et toutes choses qui freinent la portée concrète de cette obligation éducative.

Or, une bonne éducation de base en amont dès le jeune âge peut permettre une meilleure intégration sociale si celle-ci est accompagnée ensuite par une formation professionnelle compte tenu de la corrélation intime entre ces deux termes, au demeurant complémentaires.

Aussi, importe-t-il d'exposer brièvement un panorama de ce qui existe en termes d'obligation éducative et sa dynamisation récente à travers le dispositif « handiscol' » (A). Par ailleurs, face au déficit de formation, la mise en place de mécanismes de formations professionnelles innovants fondés sur une démarche qualité (B) peut être l'occasion de renforcer l'insertion professionnelle des personnes handicapées.

## *A) Panorama des réponses actuelles à l'intégration scolaire*

L'objectif de scolarisation des enfants handicapés en milieu ordinaire répond à un objectif de socialisation tous azimuts. Il s'agit de leur permettre d'acquérir un meilleur apprentissage des règles de vie commune en société en termes d'acceptation des différences et de tolérance. Une scolarisation précoce des enfants handicapés peut conduire à en faire des citoyens de demain.

C'est pourquoi, l'obligation éducative vise précisément à leur donner les moyens de développer une personnalité propre au contact des enfants valides. Par conséquent, elle se décline soit en milieu ordinaire, soit en milieu spécialisé en fonction du handicap.

L'ouverture autant que possible sur le milieu ordinaire est de nature à leur permettre d'accéder à une formation générale et professionnelle plus propice à une prise de responsabilité en vue de leur donner un choix de vie conforme à leurs aspirations éducatives, professionnelles et culturelles.

Pour atteindre ces objectifs, un certain nombre de dispositions ont été mises en place pour leur faciliter l'intégration scolaire par la loi de 1975. Il en est ainsi des classes d'intégration scolaire spécialisées (CLIS) en milieu ordinaire (écoles maternelles et primaires), des sections d'enseignement général et professionnel adapté en collège (SEGPA) et les unités pédagogiques d'intégration (UPI) en collège et lycée.

Cette politique d'intégration scolaire vise essentiellement les enfants handicapés en situation d'assumer et de supporter les contraintes inhérentes à la vie scolaire. Ces dispositifs peuvent combiner différentes modalités d'intégration. Car il ne faut pas oublier qu'il existe une pluralité de handicaps et que par conséquent, chaque cas nécessite une prise en charge spécifique d'autant plus qu'il n'existe pas de solutions miracles en la matière. Ce faisant, toute généralisation serait tout aussi inopérante

qu'inefficace, voire illusoire.
Pour les enfants qui bénéficient d'une convention d'intégration en milieu ordinaire, différentes possibilités peuvent être envisagées ou combinées. C'est le cas d'une intégration avec la définition d'objectifs pédagogiques prenant en compte une adaptation du milieu avec un service médico-pédagogique dispensé par un service d'éducation spéciale et de soins à domicile (SSESAD) par exemple. Afin de renforcer le dispositif, les pouvoirs publics ont mis en place des projets individualisés associant tous les acteurs concernés par l'intégration scolaire : enfants, parents, enseignants et travailleurs sociaux.
La Commission départementale d'éducation spéciale (CDES) assure l'orientation des enfants et le contrôle du suivi de l'intégration. Cependant, lorsque le handicap nécessite une prise en charge plus lourde, en raison notamment des besoins exprimés par l'enfant, s'agissant de problèmes d'ordre pédagogique, affectif, relationnel, psychologique et sanitaire, l'orientation vers le milieu spécialisé s'avère plus adéquate pour accueillir l'enfant handicapé.
En effet, de ce point de vue, il existe une kyrielle d'institutions spécialisées avec des affectations particulières pour tenir compte des besoins spécifiques de l'enfant ou de l'adolescent. On peut lister ces établissements :

- les instituts médico-pédagogiques (IMP) accueillant des enfants de 5 à 14 ans ;
- les instituts médico-professionnels (IMPro) recevant des enfants de plus de 14 ans et dispensant une formation professionnelle ;
- les instituts médico-éducatifs (IME) accueillant aux deux niveaux en associant des actions pédagogiques, psychologiques, sociales, médicales et paramédicales ;
- les instituts de rééducation motrice ou sensorielle.

Le but est de tendre autant que faire se peut, vers une intégration de l'enfant en milieu scolaire ordinaire. Selon les statistiques de 1996[118], plus de 24.000 enfants handicapés étaient concernés par la

[118] Sur ce point, cf. Michel Borgetto et Robert Lafore, *Droit de l'aide et de l'action sociales*, aux éditions Montchrestien, 2000, pp. 269/315.

politique d'intégration scolaire ; mais depuis, ce chiffre n'a de cesse de baisser, eu égard aux problèmes pratiques posés par la mise en œuvre effective de l'obligation éducative.

L'obligation éducative marque le pas en raison de nombreux manquements liés à l'absence de moyens matériels et humains. Les facteurs d'accessibilité sont souvent mis en exergue pour stigmatiser cette carence. Ainsi, nombre d'établissements scolaires ne répondent pas aux normes architecturales pour prétendre accueillir en leur sein des enfants handicapés. Au surplus, les enseignants et les personnels de l'éducation nationale ne sont pas formés au handicap, malgré les efforts effectués dans ce sens. Ceci a pour effet de réduire considérablement la portée de l'obligation éducative. C'est pour corriger ce déficit que les pouvoirs publics ont mis en place le dispositif « handiscol' »[119] en vue de dynamiser l'obligation éducative. Il s'agit d'un groupe de coordination, au plan départemental, destiné à fonctionner dans le cadre du Comité départemental consultatif des personnes handicapées (CDCPH) en vue de favoriser des passerelles entre milieu ordinaire et milieu spécialisé.

Le dynamisme de ces groupes « handiscol' » est fonction des départements et de la manière dont les autorités administratives en charge de la mise en œuvre du dispositif s'investissent pour améliorer le sort des enfants handicapés dans les écoles, collèges et lycées. Pourtant, cette nouvelle impulsion risque de pâtir des problèmes de financement des auxiliaires de vie scolaire (AVS), dont le rôle essentiel d'accompagnement scolaire des enfants handicapés semble remis en cause avec la suppression des emplois jeunes qui constituaient une part importante du recrutement de ce personnel spécifique. Le renforcement de l'obligation éducative doit aller de pair avec un dispositif de formation professionnelle ouvert sur le monde ordinaire qui soit aussi innovant qu'efficace pour permettre aux personnes handicapées d'avoir l'égalité des

---

[119] Voir à cet égard, la circulaire n° 99-187 et 188, 19 novembre 1999, *Bulletin Officiel de l'Education Nationale*, n° 42. Voir également les récentes mesures annoncées par le ministre de l'éducation nationale, Luc Ferry, en faveur de l'intégration scolaire.

chances et le droit à la participation sociale.

### B) *La mise en place d'un dispositif de formation professionnelle performant : le recours à la démarche qualité*

En dépit de la carence en matière de formation professionnelle pour les personnes handicapées notamment, en milieu ordinaire, des exemples d'intégration scolaire et professionnelle existent. A cet égard, l'exemple de la préformation professionnelle scolaire dans le cadre du projet d'établissement doit être renforcé et généralisé. D'autre part, il existe des formations éclatées, financées notamment, par l'AGEFIPH et par des collectivités publiques, dont la visibilité et la lisibilité gagneraient à être suffisamment connues et adaptées aux besoins du marché de l'emploi pour les personnes concernées. Par conséquent, il importe que le système global d'éducation et de formation soit revu et simplifié, pour améliorer qualitativement les possibilités offertes aux personnes handicapées d'accéder au milieu du travail, aussi bien ordinaire que protégé.

#### 1°) *Un système de préformation professionnelle en phase de scolarisation*

L'initiation et la première formation professionnelle doivent être au centre de la démarche intégrative en permettant aux jeunes handicapés de développer des compétences en vue de se procurer un premier emploi dans le monde ordinaire du travail ou dans un établissement de travail protégé. Dans cette optique, un exemple du département de l'Indre peut être cité, s'agissant d'un projet d'établissement dans un IME[120]. Dans ce droit fil, on peut, également mettre en exergue l'exemple de la formation professionnelle des personnes aveugles ou amblyopes.

---

[120] Cf. « *Lettre aux administrateurs* », Inspection académique de l'Indre, novembre 2001, p. 4.

*a) Les dimensions intégratives d'un projet d'établissement*

En effet, dans le cadre du projet d'établissement initié dans un IME de ce département, deux étapes de scolarisation sont à distinguer : la première étape dite de scolarisation s'effectue de manière permanente, et est dispensée dans les classes affectées spécialement à cet effet jusqu'à l'âge de 13 ans ; la seconde étape commence quant à elle, à partir de 13 ans, et s'effectue une semaine sur deux en alternance avec la formation professionnelle (préapprentissage) pendant une année, puis fixation dans un atelier. Les objectifs de cette formation sont de deux ordres : des acquisitions de compétences techniques particulières liées aux métiers et des acquisitions de compétences transversales liées au travail.

Ces deux modalités peuvent se décliner de la façon suivante : la période d'initiation (préapprentissage) pendant laquelle les jeunes effectuent un passage dans chaque atelier professionnel au rythme d'une semaine sur deux en alternance avec la classe. Ce passage en atelier permet d'apprendre aux élèves les rudiments de base des métiers concernés qui leur permettront ensuite d'opérer leur choix.

A la fin de chaque période, l'éducateur technique dresse une évaluation pour chaque pré-apprenti. Cette évaluation permettra d'aider l'équipe à lui proposer, le moment venu, la meilleure orientation possible.

La période de formation proprement dite est conduite par des formateurs techniques et peut se faire, soit en atelier dans l'établissement, soit à l'extérieur sur des chantiers. La formation comprend des modules théoriques adaptés (technologie) et d'apprentissage pratique des techniques professionnelles. La technologie est enseignée en collaboration avec un enseignant qui accueille dans sa classe le groupe professionnel concerné. Chaque éducateur technique élabore, bâtit et adapte un référentiel d'enseignement propre à son enseignement. Inspiré de ce référentiel, un outil adapté doit permettre au jeune avec l'aide de l'éducateur de repérer le niveau de ses acquisitions de savoirs et de savoir-faire professionnels.

Ce processus de formation doit être accompagné de stages

pratiques en entreprise afin de mettre la personne concernée en confrontation directe avec le milieu professionnel. Ces stages peuvent revêtir différentes formes :

- stage découverte du monde du travail ;
- stage de mise en situation ;
- stage en vue d'une embauche.

Mais cette démarche nécessite également la mise en place de partenariats visant à favoriser la validation des acquis professionnels pour des jeunes ayant accompli leur formation dans les ateliers de l'établissement ; la participation des jeunes à des séquences de formation extérieure et des modules de formation pour les éducateurs techniques visant à maintenir et à renforcer les connaissances techniques. Un exemple d'insertion professionnelle peut être également cité, il s'agit des personnes atteintes de déficience visuelle.

*b) L'évolution de la formation des personnes déficientes visuelles*

Un rappel s'impose d'emblée à propos de l'insertion professionnelle des personnes handicapées : « A formation égale, les handicapés demandeurs d'emplois ont deux fois moins de chance de trouver un emploi, étant entendu par ailleurs que la durée moyenne en tant que demandeurs d'emplois est au moins le double chez les personnes handicapées par rapport aux personnes valides ». Cependant, on peut, en dépit des difficultés recensées pour l'intégration professionnelle des personnes handicapées notamment, celles atteintes de déficience visuelle, faire état des améliorations, en portant davantage la réflexion vers l'avenir en matière de formation professionnelle même, si comme semble le dire un auteur[121], l'avenir des centres de formation est incertain, en raison d'une contradiction. En effet, au moment où l'AFPA ouvre

---

[121] Pour aller plus loin, cf. *Les aveugles dans l'entreprise : quelles perspectives ?* Groupement des intellectuels aveugles ou amblyopes, sous la direction du professeur René Gouarné, L'Harmattan, 1997.

certains de ses centres de formation aux stagiaires handicapés, dans les établissements spécialisés, des sections se ferment. Dans les deux cas, les mêmes arguments sont évoqués pour ou contre l'intégration.

Si l'avènement de la technique du braille a permis de faire avancer considérablement l'intégration sociale des personnes aveugles, beaucoup reste à accomplir au niveau de la formation professionnelle. Malgré cette insuffisance en matière de formation, les méthodes de formation ont évolué tant dans leur contenu que dans leur perception, par la force de volonté des organismes de formation qui ont dû s'adapter au contexte.

Aujourd'hui l'usage du braille n'est plus imposé aux stagiaires ou amblyopes. Chaque intervenant en matière de formation dispose d'un outil technique et humain pour adapter la formation de manière plus personnalisée en relation avec les besoins des personnes atteintes d'une déficience visuelle. La formation se fait de la manière suivante avec la création de groupes de niveau pour les matières théoriques ou les langues étrangères ; pour les travaux pratiques, le nombre de participants est lié directement à la nature de la matière enseignée entre 2 à 6 stagiaires. Par ailleurs, pour éviter de donner un caractère trop scolaire à la formation notamment, par rapport aux stagiaires adultes, on procède à une évaluation individualisée. Toutefois, pour sanctionner un examen, le système de notation demeure la référence.

Les différents cursus ont été structurés en modules en fonction de l'évolution du marché du travail tout en tenant compte des besoins des stagiaires. L'obtention des modules est progressive en fonction des capacités des uns et des autres ; l'objectif étant d'atteindre un niveau minimal en fin de cycle. Par conséquent, au-delà des enseignements théoriques et pratiques, il existe également des techniques palliatives pour améliorer les compétences professionnelles comme la locomotion qui permet aux personnes de se déplacer en sécurité tout en leur procurant un maximum d'autonomie grâce à une meilleure perception de l'espace immédiat. Ceci nécessite de travailler une amélioration des sens (odorat, ouïe, toucher, etc.). S'il n'est plus à démontrer que le braille permet aux aveugles de communiquer, rares sont les

voyants qui en ont fait l'apprentissage. Avec l'essor de l'informatique, le clavier de l'ordinateur est un puissant outil d'apprentissage de la vitesse sur les machines électriques et électroniques, se substituant ainsi quasiment à la vielle machine à dactylographier. Cet usage du clavier se fait généralement en une année d'adaptation parfois au début de la formation professionnelle.
Enfin, en matière d'intégration, les établissements de formation peuvent s'inspirer du modèle d'intégration proposé par Feuerstein de l'Institut de recherches de Jérusalem, dit programme d'enrichissement intellectuel (PEI) dont le but est de permettre une amélioration sensible des capacités intellectuelles, c'est-à-dire les mécanismes mentaux qui composent l'intelligence : orientation spatiale, analyse, synthèse, comparaison et classification, relation temporelle, instruction etc. d'un sujet, à partir de la modification structurelle cognitive et de la médiation.
En tout état de cause, il convient de notre point de vue, d'étendre ces méthodologies au plus grand nombre de personnes handicapées en recherche d'emploi, en recourant notamment, à la démarche qualité, dans le cadre par exemple, de la certification ISO ; pratique qui serait de nature à renforcer le dispositif de formation en faveur des personnes handicapées depuis leur enfance jusqu'à l'âge adulte.

### *2°) La démarche qualité au service d'une formation professionnelle qualifiante et innovante*

Pour rendre pertinente toute démarche sociale visant notamment, à intégrer des catégories sociales marginalisées, en l'occurrence ici les personnes handicapées, il est utile d'asseoir une politique d'évaluation assez précise des besoins en formation, en vue d'améliorer la situation des personnes placées en difficulté sociale. A partir du moment où les questions de l'éducation et de l'éthique sont placées au centre de la problématique de la qualité sociale, en tant que deux spécificités et obligations du secteur social et médico-social, il apparaît indispensable de réfléchir à l'efficience

des normes qualité éducative et qualité éthique pour inventer des procédures d'intégration sociales fiables.
La qualité sociale totale quant à elle pourra se définir comme la somme des trois autres : qualité service + qualité éducative + qualité éthique. Ainsi, si on admet à la suite de Jean Marc Dutrénit[122], de définir la qualité éthique comme résidant dans le champ du rapport coût / avantage, on peut être certain qu'il offrira un grand nombre d'indicateurs de qualités éthiques ou sociales à intégrer dans les évaluations exigées par la loi du 2 janvier 2002, qui met en exergue la nécessité de rechercher des coûts raisonnables de la part des prestataires par rapport au service rendu. Pour mesurer la pertinence de la démarche qualité sociale dans le champ du handicap, on partira de l'exemple éclairant de ce qui peut se faire en la matière, en s'appuyant sur les travaux pratiques de Jean Marc Dutrénit, notamment dans son ouvrage « *Action sociale et qualité sociale*[123] ». D'autant plus qu'il apparaît déterminant que ces méthodes d'évaluation soient connues et unanimement partagées pour parvenir à un mieux être social, en particulier pour les personnes handicapées. Par conséquent, il semble important d'établir des rapports de réciprocité positive entre tous les partenaires concernés : producteurs, consommateurs, intermédiaires. Partant de ce cadre, il est essentiel de choisir le meilleur traitement possible pour l'usager. Ainsi, dans l'exemple qui suit, on se demandait quelle modalité de reclassement des handicapés par accident du travail se révélerait la plus productive de réciprocité positive, c'est-à-dire celle qui offrirait le meilleur avantage aux usagers, à la société dans son ensemble et aux professionnels. Le tableau qui suit résume trois ans après l'étude, les résultats obtenus sur l'évolution socioprofessionnelle de 121 personnes handicapées sur décision de la COTOREP[124].

---

[122] Professeur de sociologie à l'université de Lille 3 et spécialiste des questions « qualité sociale » au sein du réseau qualité sociale de la même université.

[123] Paru chez L'Harmattan, 2001, 142 et suivantes.

[124] Jean Marc Dutrénit, op. cit., p. 143.

Tableau : Devenir des handicapés trois ans après la décision de la COTOREP (%).

| Décision COTOREP en 1981 | Effectifs | Au travail en 1984 (%) | Chômeurs en 1984 (%) | Invalides en 1984 (%) | Totaux (100%) |
|---|---|---|---|---|---|
| Remettre sur marché du travai | 68 | 25 | 28 | 47 | 100 |
| Formation en 225 jours | 22 | 68 | 4 | 28 | 100 |
| Stages à l'essai (Contrat Serv.Soc./ usager/entrep.) | 31 | 74 | 16 | 10 | 100 |

Source :
Action sociale et qualité sociale, Jean-Marc DUTRENIT, l'Harmattan, 2001

Dans le même ordre d'idées, on pourrait par extrapolation opérer un type de calcul sur 10 ans pour mesurer comme le tableau ci-après l'indique une évaluation du rapport coût / avantage des décisions de reclassement de la COTOREP pour un panel de 100 personnes. Ainsi, l'auteur faisait valoir que si le coût d'une formation de 225 jours pour des accidentés du travail est cher, il n'en demeure pas moins vrai que cette procédure permet une qualification si forte pour les bénéficiaires que leurs salaires de sortie sont meilleurs qu'avant l'accident et que la plus value produite par leur nouveau travail rembourse plusieurs fois le coût de leur formation professionnelle. On disposerait alors d'un puissant instrument d'évaluation de l'action sociale.

Tableau : Rapport coût / avantage des décisions COTOREP pour 100 personnes.

| Décision COTOREP en 1981 | Coût Individue initial (F) | Coût sur 10 ans (MF) | Avantage sur 10 ans (MF) | Soldes sur 10 ans (MF) | Rapport coût/avantage |
|---|---|---|---|---|---|
| Remettre sur marché du travail | 3.300 | 21.15 | 20.25 | -0.90 | 1.04 |
| Formation en 225 jours | 91.000 | 18.46 | 73.44 | + 54.98 | 0.25 |
| Stages à l'essai (Contrat Serv.Soc./ usager/entrep.) | 20.000 | 8.84 | 66.6 | + 57.76 | 0.13 |

Source : Action sociale et qualité sociale, Jean-Marc DUTRENIT, op. cit.

## SECTION III :
## LES FONDEMENTS DE L'INTÉGRATION SOCIO-PROFESSIONNELLE DES PERSONNES HANDICAPÉES À L'ÉTRANGER : LE CAS DES PAYS ANGLO-SAXONS ET SCANDINAVES

En la matière, chaque pays traite la question de l'insertion sociale des personnes handicapées en fonction de son histoire, de sa sociologie, en un mot de l'état d'esprit de la population au regard du handicap. Ce préalable posé, le traitement à proprement parler de l'insertion sociale notamment, professionnelle repose sur des bases philosophiques et culturelles différentes selon que l'on soit d'obédience latine[125] ou anglo-saxonne. Ainsi, dans les pays anglo-saxons, pour ne citer que le cas des Etats-Unis et du Royaume-Uni (A), ce sont les principes de non-discrimination et

125 Toutefois, un pays latin, comme l'Italie se singularise dans ce groupe notamment, en matière d'intégration scolaire.

de l'égalité des droits qui fondent la démarche sur l'insertion socioprofessionnelle des personnes handicapées. D'autre part, s'agissant de la non-discrimination, les pays scandinaves à travers le cas de la Suède et de la Norvège (B), sont à la pointe du combat contre la marginalisation des personnes handicapées. Toutefois, les exemples qui suivent ne sont que parcellaires et ne sont exposés qu'à titre d'exemples. Par conséquent, ils n'épuisent pas la totalité du champ des actions menées en faveur de l'insertion socioprofessionnelle des personnes handicapées dans les pays cités.

## *A) Le cas des Etats-Unis et du Royaume-Uni*

### *1°) Aux Etats-Unis*

Dans le cas des Etats-Unis, depuis la loi (Réhabilitation Act) de 1973, puis l'ADA de 1990, toute discrimination dans l'emploi sur la base du handicap (disability) est prohibée. Par conséquent, les employeurs sont tenus d'assurer aux personnes handicapées un aménagement raisonnable (Reasonable accomodation) - une liste d'exemples étant fournie à cet effet - à condition que cet aménagement n'impose pas une charge indue (undue harship) : embauche, publicité, travail examens médicaux etc. Une Commission (Equal Employment Opportunity Commission) ou toute autre juridiction peut être saisie pour cause de discrimination et cas d'échec de conciliation, la Cour fédérale.
Aux Etats-Unis, le secteur du travail protégé a fait l'objet de nombreuses controverses sur l'efficacité du dispositif. En effet, avant les années 70, seules les personnes lourdement handicapées étaient concernées. Mais le caractère ségrégatif des établissements accueillant ces personnes allait contre le principe de non-discrimination précité. Ce système exploitait les personnes admises

en leur offrant des rémunérations « subliminales »[126]. Pour réduire la portée de cette discrimination, les Etats-Unis ont opté pour le programme d'emploi accompagné (support employment) pour des personnes ou des équipes fixes ou mobiles de 8 personnes au maximum encadrées.
Le professeur Fardeau dans son rapport précité, mettait en exergue la pertinence de ce dispositif au regard des résultats encourageants obtenus à partir d'une évaluation précise. Ce dispositif bénéficie d'un soutien financier du budget fédéral.

### *2°) Le Royaume-Uni*

Au Royaume-Uni, il apparaît que la très grande majorité (97%) des travailleurs handicapés sont en milieu ordinaire, et le milieu protégé reste très minoritaire avec seulement 3%, même s'il convient de relativiser ce chiffre[127]. Le (Disabled Persons Employment Act) accordait depuis 1944 un financement public aux ateliers protégés. Ceux-ci étaient regroupés au sein d'un organisme, (Remploy) qui comportait en 1980, 13 « branches » et 8700 employés. Il s'y greffait 129 ateliers d'initiative locale ou « volontaire ». Aujourd'hui ce secteur est en perte de vitesse depuis la mise en place d'un système de placement accompagné comme aux Etats-Unis (Support Employment Schema) offrant des subsides à l'employeur et accordant un salaire « normal » aux travailleurs handicapés. Ainsi, 6500 personnes auraient bénéficié de ce dispositif entre 1985 et 1990. Dans le même ordre d'idées, Remploy a développé un système « d'interwork » pour placer ses employés dans le milieu ordinaire de travail.
En matière d'emploi et de réadaptation, on peut prendre l'exemple des aveugles pour illustrer notre propos. En effet, au Royaume-Uni, le *Royal National Institut Of Blind* dispose de deux types de formation en direction des personnes frappées par une cécité. Il s'agit d'une part, du secteur de la réadaptation formation pour

---

[126] Fardeau, op. cit., p. 179.
[127] Fardeau, op. cit., p. 181.

aveugles tardifs et d'autre part, du dispositif d'enseignement scolaire comme formation initiale, alliant formation professionnelle et rééducation. L'objectif est de permettre aux personnes aveugles d'améliorer leurs compétences et leurs qualités personnelles afin de faire évoluer leur carrière ou tout simplement de changer d'emploi.
Ces structures travaillent en collaboration avec de nombreux collèges ordinaires, et ont mis en place des partenariats avec des centres universitaires leur permettant ainsi, de construire une adéquation entre les formations proposées et les qualités personnelles de chaque individu concerné par ces programmes de formation en vue d'améliorer ou d'acquérir des compétences.

### *B) Les pays scandinaves*

On partira volontiers de l'exemple de la Suède et de la Norvège. Dans ces deux pays, l'intégration sociale des personnes handicapées repose sur les principes de la normalisation et de l'intégration.

#### *1°) La Suède*

En premier lieu, la politique d'insertion des personnes handicapées se fait en milieu dit ordinaire et en cas de nécessité cette intégration donne lieu à un accompagnement. Cependant, l'emploi protégé constitue une donnée importante de l'insertion professionnelle en Suède avec une différence notoire qu'il est ouvert à toute personne victime d'un « handicap professionnel ». En effet, dans ce pays, l'essentiel du secteur protégé est représenté par le groupe SAMHALL qui, depuis 1992, est une société à responsabilité limitée entièrement détenue par l'État. C'est la deuxième entreprise suédoise par le nombre de ses salariés et la plus grande entreprise nationale de sous-traitance. Elle travaille également à l'exportation (16% de sa production).
Le groupe étale sa production dans le secteur des services

notamment, en matière de formations professionnelles de courte durée et des activités de conseil. Les salariés sont affiliés à un syndicat ; les salaires sont légèrement inférieurs, mais proches de ceux pratiqués sur le marché du travail (86, 2% en moyenne en 1995).
L'État suédois verse une aide annuelle, sur la base d'un contrat d'objectifs parmi lesquels le personnel de SMHALL doit comprendre 40% de personnes handicapées mentales ou « à handicaps multiples », et 3% au moins doivent passer en milieu ordinaire du travail dans l'année.
Il existe également dans le secteur public des emplois protégés en faveur des personnes handicapées pour lesquels l'État contribue à 75% au financement du coût salarial.

### *2°) La Norvège*

La politique d'intégration sociale en faveur des personnes handicapées notamment, en matière d'insertion professionnelle est fondée sur la non-discrimination. Elle prend appui sur un découpage régional. En effet, les 19 régions que compte le pays disposent de centres d'aides techniques qui jouissent de l'autonomie de gestion et qui assurent des services spécialisés auprès des particuliers, des professionnels et des établissements.
Le but de ces centres d'aides techniques vise d'une part, à permettre l'équipement en matériels nécessaires à l'activité professionnelle des personnes handicapées et d'autre part, à renforcer l'usage des aides techniques dans la vie quotidienne pour les personnes handicapées en assurant l'adaptation et l'aménagement des locaux d'habitation et des véhicules privés.
Les centres d'aides techniques achètent les produits directement aux producteurs et les stockent. Ce qui permet en cas de besoin de les distribuer à la population concernée sous forme de prêt à durée indéterminée, avec bien entendu, l'aval de l'administration de la sécurité sociale nationale.

Cependant, pour bénéficier de la gratuité de ces aides techniques, deux conditions sont opposables aux demandeurs, à savoir :

- que la déficience acquise soit de longue durée
- qu'il puisse être vérifié que l'aide technique sollicitée soit réellement utilisée soit pour l'amélioration des fonctions de la personne soit dans la prévention de son isolement social.

L'État prend en charge 75% du financement des dépenses courantes des centres d'aides techniques et les 25% autres sont pris en charge par les régions. Les communes quant à elles, participent au financement lié à l'intégration scolaire, culturelle et sportive qui dépend de leur juridiction.

## SECTION IV :
## CATALOGUE DE PROPOSITIONS VISANT À RENFORCER LE DISPOSITIF D'INSERTION SOCIOPROFESSIONNELLE DES PERSONNES HANDICAPÉES

La loi sur *l'obligation d'emploi* a le mérite d'exister, en dépit des critiques qui ont été formulées au cours de cette étude. En cela, elle constitue sans doute un net progrès dans le processus d'insertion socioprofessionnelle des personnes handicapées, tendant à faire d'eux, des citoyens à part entière au sein de la société. Toutefois, pour donner force et pertinence à la réforme, des déterminants préalables doivent être énoncés afin que l'affirmation d'une politique favorable à l'intégration des personnes handicapées dans la société soit plus du domaine de la réalité que du mythe, mais également pour faire démentir le titre provocateur à dessein de cet ouvrage. Or, cette réalité ne peut s'appuyer que sur les données concrètes de l'observation du terrain, reflétant le rythme de l'intégration des personnes handicapées à la recherche d'un emploi.

Il s'agit d'une action collective dans laquelle les personnes handicapées, les associations qui défendent leurs intérêts[128], et les pouvoirs publics au sens le plus large doivent s'impliquer pour donner du sens à l'action en faveur de l'intégration socioprofessionnelle des personnes handicapées.

Pour la première catégorie d'acteurs cités, en l'occurrence les personnes handicapées, il s'agira de sortir d'une perception associative, qui privilégie les prestations de services socialisés en réponse à des problématiques individuelles, plutôt que comme lieu d'engagement personnel au service d'une démarche collective. En d'autres termes, il conviendra d'opter pour une vision active et non d'assistance, afin de renforcer le rôle des associations de défense de leurs intérêts.

Aux côtés des personnes handicapées, les associations qui prétendent défendre leurs intérêts doivent dépasser le cadre étroit de leur chapelle, afin d'éviter un corporatisme frileux, facteur d'impuissance, en vue en revanche, de peser sur les décisions prises par les pouvoirs publics en faveur des personnes en situation de handicap.

Enfin, la puissance publique, eu égard à sa capacité d'impulsion sur le plan législatif et réglementaire, ainsi qu'à son poids économique et financier, doit accompagner de manière volontaire et déterminante cette intégration des personnes handicapées dans tous les aspects de la vie notamment, celui de leur insertion professionnelle, aussi bien dans le monde du travail protégé que dans celui du travail ordinaire. Ceci d'autant plus que ces deux orientations ne doivent pas être antinomiques, mais plutôt complémentaires. C'est à partir de cette base, que les autres acteurs de terrain qui agissent directement pour l'application des dispositifs induits par la loi sur *l'obligation d'emploi* pourront montrer l'étendue de leur efficacité.

Au regard de ce qui a été dit précédemment et pour conclure provisoirement, étant donné qu'en l'espèce, rien n'est

---

[128] En France, il existe aujourd'hui plus 120 000 associations qui agissent dans le domaine socio-sanitaire, non seulement comme gestionnaires directs de projets, d'établissements et de services, mais également comme « le porte-parole des sans voix ».

définitivement réglé, et que tout reste à faire concernant les besoins de compensation du handicap, il convient d'émettre quelques propositions qui, sans être révolutionnaires, pourraient réduire les effets négatifs de certaines pratiques qui pèsent sur *l'obligation d'emploi*, et de ce fait, limitent son efficacité.
Ces propositions pourraient se faire dans les domaines suivants : l'évaluation et l'orientation ; la préparation à l'emploi ; l'accès à l'emploi ; le maintien dans l'emploi et dans le « domaine particulier » de la fonction publique.

### *1°) L'évaluation et l'orientation :*

Eu égard à l'inflation des décisions de reconnaissance de la qualité du travailleur handicapé RQTH :

- les COTOREP doivent éviter les orientations par défaut, grâce à une meilleure évaluation des pathologies handicapantes ;
- mettre en place un guichet unique d'information et d'orientation des personnes handicapées ;
- renforcer les moyens des COTOREP, notamment en s'efforçant d'accroître les personnels techniques et administratifs ;
- appliquer avec rigueur les dispositions législatives et réglementaires existantes, en ce qui concerne l'attribution de la RQTH ;
- réserver le bénéfice de l'obligation d'emploi aux seules personnes déclarées travailleurs handicapés. Cf. la liste des bénéficiaires de la loi de 1987.

### *2°) La préparation à l'emploi :*

Compte tenu de la faiblesse du système de formation professionnelle :

- renforcer le dispositif « handiscol' » en permettant une meilleure intégration des enfants handicapés, chaque fois que cela est possible, dans les établissements scolaires de base, rendus préalablement accessibles. De ce fait, augmenter le nombre d'auxiliaires de vie scolaire de manière significative, tout en pérennisant leurs postes ;

- supprimer la prise en compte des stagiaires dans le décompte de l'obligation d'emploi ;
- rendre accessibles les lieux de formation aux personnes handicapées, dans le cadre ouvert, ainsi que dans le cadre des offres de formation financées par les Conseils régionaux ;
- améliorer les instruments de formation en développant les protocoles d'alternance, ainsi que l'accès à des postes de travail par des mises en situation professionnelle financées sur fonds d'Etat ;
- mettre en place des stages obligatoires, dès l'embauche des travailleurs handicapés, avec notamment, des passerelles pour les jeunes travailleurs handicapés diplômés, systématiquement orientés vers le milieu ordinaire de travail.

### *3°) L'accès à l'emploi :*

Les modalités d'accès à l'emploi des personnes handicapées doivent être largement améliorées par :

- une meilleure définition de la notion d'établissement pour l'assujettissement à *l'obligation d'emploi* ;
- modifier la liste des entreprises dispensées de l'obligation d'emploi ;
- revoir le système de décompte «des unités proratisées» ;
- préserver les dispositifs spécifiques, si cela s'avère nécessaire ;
- compenser intégralement les surcoûts liés à l'exercice d'un emploi ;
- appliquer aux personnes handicapées bénéficiaires de l'AAH les dispositifs de cumul entre allocation et revenu professionnel, à l'instar de ceux mis en œuvre pour les bénéficiaires du RMI ;
- limiter le versement de la prime d'embauche AGEFIPH aux seuls contrats à durée indéterminée ;

- permettre l'exonération totale des charges sociales aux entreprises embauchant des personnes handicapées avec RQTH sur une période de cinq ans. Au bout de cette période, envisager une prise en charge à 50% des charges sociales afférentes ;
- améliorer les procédures de passage entre le milieu protégé et le milieu ordinaire de travail, en réaffirmant le rôle et la place du réseau « Cap emploi » ;
- augmenter le montant de l'allocation compensatrice pour frais professionnels (ACFP).
- Prélever d'office sur les fonds de l'AGEFIPH, 5% pour financer les salaires directs en milieu de travail protégé.

### *4°) Le maintien dans l'emploi :*

Le maintien dans l'emploi doit faire l'objet d'une évaluation permanente :

- rationaliser l'intervention en matière d'aménagement de postes en permettant des détections précoces, en renforçant le rôle des médecins du travail et des ergonomes, ainsi que leur légitimité au sein de l'entreprise ;
- réduire les licenciements pour inaptitude, en développant les bilans de compétences, ceci afin de donner la possibilité aux travailleurs handicapés le temps de se repositionner sur de nouveaux projets professionnels.

### *5°) Les améliorations souhaitées dans la fonction publique :*

L'objectif est de renforcer les propositions incluses dans le protocole d'accord du 9 octobre 2001 précité, visant à améliorer l'emploi des travailleurs handicapés dans la fonction publique, par les moyens suivants :

- mise en place d'un véritable instrument de mesure de l'application réelle de *l'obligation d'emploi* dans tous les ministères et administrations assujettis ;

- renforcement de la voie contractuelle pour la titularisation des agents publics handicapés ;
- remise en cause de la COTOREP, secteur public « éducation nationale » ;
- imposition de règles minimales de sanctions, en cas de non-respect de *l'obligation d'emploi* ;
- mise en place d'un système de bonification pour les administrations encourageant l'embauche de personnes handicapées ;
- assurer un meilleur suivi de la formation professionnelle dans les centres de formation de la fonction publique.

En plus de ces conclusions sous forme de propositions, il faudrait davantage prendre en compte ce qui se fait sur le plan européen, en matière de compensation du handicap, à travers les différentes expériences du terrain. A cet égard, l'excellent rapport Fardeau, sur la problématique du handicap cité dans cette étude, constitue une référence appréciable, dans le cadre de la mise en place d'un minimum de règles visant l'amélioration des droits des personnes handicapées notamment, en matière d'intégration professionnelle, dans les espaces nationaux, ainsi que dans l'espace européen.

Les résolutions, et autres directives européennes en la matière, sont autant d'invitations à l'amélioration des droits des personnes handicapées. C'est à juste titre que le conseil de l'Union Européenne a proclamé dans sa décision 2001/903/CE du 3 décembre 2001, l'année de 2003, « **Année Européenne des Personnes Handicapées** ». Dans ce droit fil, il faut saluer et encourager l'action menée par le forum européen des personnes handicapées, dont le rôle devrait faire l'objet d'une meilleure publicité.

# CONCLUSION GÉNÉRALE

Il serait péremptoire de conclure sur un tel sujet, surtout que la loi de 1987 sur l'obligation d'emploi que l'on vient de parcourir recèle d'innombrables limites égrenées tout au long de cet essai. Cependant, il est un fait tout aussi certain que la loi par son existence, a permis à nombre de personnes handicapées d'obtenir un emploi le plus souvent à la mesure de leur handicap.

Au terme de cette réflexion, il semble d'une part, qu'une démarche volontariste impulsée en tout premier lieu par l'État est nécessaire, en dégageant les moyens financiers et humains au profit des organismes en charge de l'insertion professionnelle des personnes handicapées. D'autre part, il est fondamental de penser l'insertion en amont, en ayant davantage une vision complémentaire plus affirmée qu'oppositionnelle entre milieu ordinaire et milieu protégé en matière d'emploi. En effet, il ne s'agit plus de bercer d'illusions les personnes handicapées sur leurs possibilités réelles ou non d'obtenir un emploi, qui soit en tout point conforme à leur désir, en feignant d'ignorer les exigences légitimes de l'entreprise, dans un univers où le « productivisme » semble s'emparer de l'esprit d'entreprise. Par ailleurs, il importe également de tirer des enseignements sur les conséquences de la jurisprudence Perruche et de la loi du 4 mars 2002 qui les borne. Il importe à ce sujet que la solidarité nationale soit réservée en priorité à ceux des personnes handicapées qui sont dans la quasi impossibilité de travailler, eu égard à la lourdeur de leur handicap, en relevant leurs allocations, notamment l'Allocation Adulte Handicapé qu'ils perçoivent, à hauteur au moins 80% du SMIC, afin de pouvoir vivre dignement. En tout état de cause, c'est le sens de la revendication d'un certain nombre d'associations qui défendent le droit à la compensation du handicap et l'égalisation des chances.

En écho aux revendications des associations qui défendent les droits des personnes handicapées, et conformément à son engagement à la faveur de son discours du 14 juillet 2002, sur la priorité qu'il entend accorder à l'insertion sociale des personnes handicapées, le président de la République vient de tracer la voie de la réforme en faveur des personnes handicapées, en indiquant : « *qu'il attend de cette réforme qu'elle permette de construire un véritable système d'aide personnalisée et de donner la priorité à l'intégration professionnelle et sociale des personnes handicapées* ». Dans cette optique, le président a également affirmé que l'action en faveur du handicap sera « *érigée au rang de grande cause nationale* » en 2003 et que « *chaque année, une conférence des handicaps sera réunie* » afin d'évaluer les progrès de la réforme.

En revanche, un discours de la vérité « éclairée » dans le domaine du possible en matière d'insertion socioprofessionnelle des personnes handicapées s'impose, puisqu'il est de notoriété que toutes ne pourront pas être intégrées dans le milieu ordinaire du travail. A ce stade, il n'y a pas de place pour l'improvisation, même s'il est possible d'admettre du « pragmatisme rationnel », à condition bien entendu, que les différents acteurs de l'intégration socioprofessionnelle des personnes atteintes d'un handicap travaillent de concert pour donner un contenu fiable à la démarche qualité qui sera de plus en plus exigée pour conférer une « légitimité » à l'action sociale en faveur des catégories sociales les plus fragilisées. Dès lors, il faudra imaginer des méthodes encore plus audacieuses, en s'appuyant notamment, sur les nouvelles technologies, en liaison avec les universités, les écoles et les centres de formation agréés. Pour sa part, l'entreprise au-delà des problèmes réels rencontrés pour l'insertion des personnes handicapées en son sein, devra avoir une démarche citoyenne dans un élan de solidarité envers ceux ou celles qui ont le plus de mal à trouver un emploi à la mesure de leurs compétences professionnelles grâce une meilleure évaluation. De ce point de vue, l'usage de la théorie du bilan coût / avantage dans le cadre de la démarche qualité sera un outil d'avenir indispensable pour améliorer la formation en vue d'intégrer professionnellement un plus grand nombre de personnes en situation de handicap.

# BIBLIOGRAPHIE

**BLOCH-LAINE François,** *Etude du problème général de l'inadaptation des personnes handicapées*, Rapport au Premier ministre, in la Documentation Française, 1969.

**BORGETTO Michel et LAFORE Robert**, *Droit de l'aide et de l'action sociales*, aux éditions Montchrestien, 2000.

**DUTRENIT Jean-Marc**, *Action sociale et qualité sociale*, L'Harmattan, 2001.

**DUTRENIT Jean-Marc**, *La compétence sociale*, L'Harmattan, 1997.

**EBERSOLD Serge,** *L'invention du handicap*, édition CTNERHI, 1992 .

**FRICOT Joseph,** *Tout savoir sur la loi en faveur de l'emploi des travailleurs handicapés*, APF, troisième édition, 1997.

**FRONTIER Rémy,** *Handicap et fonction publique, l'apport de la jurisprudence*, L'Harmattan, 2000.

**FARDEAU Michel,** *Comme vous, comme nous, tout simplement, analyse comparative et prospective du système français de prise en charge des personnes handicapées*, Rapport au ministre de l'emploi et de la solidarité et au Secrétaire d'Etat à la santé et aux handicapés, 2000.

**GOBRY Pascal**, *L'enquête interdite. Handicapés : le scandale financier et humain*, éditions le Cherche-Midi, 2002.

**Groupement des intellectuels aveugles ou amblyopes**, *Les aveugles dans l'entreprise : quelles perspectives ?*, sous la direction du professeur René Gouarné, L'Harmattan, 1997.

**GUERIN Marie Françoise, M. Thérèse JOIN-LAMBERT, MORLA Suzanne et Daniel VILAIN,** *Bilan d'application de la loi du 30 juin 1975 sur les institutions sociales et médico-sociales,* édition IGAS, décembre 1995.

**HERMANDE Camille et TRIOMPHE Annie,** *Personnes handicapées –droits et démarches-* édition CTNERHI, 4ème édition, 1996.

**JEGU Fabienne**, *Droits et handicap,* APF, 2000.

**LAZRY Claude et GAGNEUX Michel,** *Bilan de la politique menée en faveur des personnes handicapées,* Rapport conjoint Conseil d'Etat/IGAS, 1982.

**LECOQ Jean Michel,** *Conférence DU sur l'obligation d'emploi,* Faculté de médecine Pierre et Marie Curie, Paris, 2002.

**LEGRAND Patrice,** *Le secteur médico-social,* édition Berger-Levrault, octobre 1994.

**METZINGER Charles,** *Les ressources et l'emploi des handicapés,* Rapport d'information déposé devant l'Assemblée Nationale, juin 1989.

**POUPON Marie-Thérèse,** *Le potentiel productif des travailleurs handicapés,* Rapport au Conseil économique et social, 1992.

**RAYAUD J. François et FARDEAU Michel,** *Insertion sociale des personnes handicapées : méthodologie d'évaluation,* édition CNNTERHI/IMSERM, 1994.

**SANCHEZ Jésus,** *L'accessibilité, support concret et symbolique de l'intégration,* Paris, CTNERHI, 1989.

**SOULIER Bernadette,** *Aimer au-delà du handicap,* édition Privat, 1994.

**STICKER Henri - Jacques,** *Corps infirmes et société,* édition DUNOD/APF , réédition 1999.

**THEVENET Amédée,** *L'aide sociale aujourd'hui, après la décentralisation,* édition ISF, 12ème édition réactualisée, 1997.

**VELCHE Daniel,** *L'emploi des personnes handicapées, données sociales,* Paris, CTNERHI, 1995.

**ZRIBI Gérard et POUPEE-FONTAINE Dominique**, *Dictionnaire du handicap,* édition ENSP, 1997.

**RAPPORT d'exécution de la loi 10 juillet 1987,** *Délégation générale de l'emploi et de la formation professionnelle,* 1998.

**L'AGEFIPH,** *Rapport d'activité,* 2000.

**L'AGEFIPH,** *Le Bilan de 10 années d'activité,* l'Harmattan, 1997.

La Revue *FAIRE FACE,* édition APF, n° 581, novembre 2000, n°593, décembre 2001, n°599, juin 2002 et n°605, janvier 2003.

*CODE CIVIL,* Dalloz, 2003.

*CODE DU TRAVAIL,* Dalloz, 2000.

# TABLE DES MATIÈRES

505437 - Octobre 2012
Achevé d'imprimer par
1livre.com